Coordenação editorial:
ALEXANDRE SITA

EXTERMINADOR DE DESCULPAS

© LITERARE BOOKS INTERNATIONAL LTDA, 2022.
Todos os direitos desta edição são reservados à Literare Books International Ltda.

PRESIDENTE
Mauricio Sita

VICE-PRESIDENTE
Alessandra Ksenhuck

DIRETORA EXECUTIVA
Julyana Rosa

DIRETORA DE PROJETOS
Gleide Santos

RELACIONAMENTO COM O CLIENTE
Claudia Pires

EDITOR
Enrico Giglio de Oliveira

ASSISTENTE EDITORIAL
Luis Gustavo da Silva Barboza

REVISÃO
Ivani Rezende

CAPA
Gabriel Uchima

DESIGNER EDITORIAL
Lucas Yamauchi

IMPRESSÃO
Gráfica Paym

Dados Internacionais de Catalogação na Publicação (CIP)
(eDOC BRASIL, Belo Horizonte/MG)

E96   Exterminador de desculpas: a importância de diferenciar desculpas
       de justificativas / Coordenador Alexandre Sita. – São Paulo, SP:
       Literare Books International, 2022.
       152 p. : il. ; 14 x 21 cm

       Inclui bibliografia
       ISBN 978-65-5922-424-1

       1. Mentoria. 2. Desenvolvimento de pessoas. 3. Sucesso. I. Sita,
       Alexandre.

                                                        CDD 158.1

Elaborado por Maurício Amormino Júnior – CRB6/2422

LITERARE BOOKS INTERNATIONAL LTDA.
Rua Antônio Augusto Covello, 472
Vila Mariana — São Paulo, SP. CEP 01550-060
+55 11 2659-0968 | www.literarebooks.com.br
contato@literarebooks.com.br

SUMÁRIO

5   E SE VOCÊ TROCAR AS DESCULPAS POR ASSUMIR 100% A RESPONSABILIDADE PELA SUA VIDA?
Amilcar Alves Tupiassu Filho

17   EDUCAÇÃO FINANCEIRA
Daniele Bicho do Nascimento

25   REALIZANDO SEUS SONHOS, EXTERMINANDO DESCULPAS
Daniele Pomari

35   NÃO ME CONTE HISTÓRIAS, MOSTRE-ME SEU COMPROMETIMENTO NO TRABALHO
Fernando Tadeu Perez e Pedro Carlos de Carvalho

45   NOSSOS PORQUÊS E PARA QUÊS
Karla Cunha

55   AUTOSSABOTAGEM
Márcia Tejo

67   O *AUTOCOACHING* COMO FERRAMENTA PARA ELIMINAR DESCULPAS E COMEÇAR A TER RESULTADOS
Marciani Badziak

81   A (DES)CULPA DO TEMPO
Marcos Bastos

93   DESCULPA S/A, UM MAL GERACIONAL?
Oberdan Siqueira

101   E SE EU MERGULHAR DE MOCHILA?
Paulo Milton

111   PROCRASTINAÇÃO ACADÊMICA
Roseli Faleiro

121   PC_PA: TÉCNICA PRÁTICA E SIMPLES PARA EXTERMINAR
DESCULPAS E ALAVANCAR RESULTADOS
Sara T. Lima

133   DESCULPE-ME PELAS DESCULPAS!
Sheila Malta Santos

143   CONHECENDO A VERDADEIRA CAMADA DAS NOSSAS DESCULPAS
Wilson Santos

1

E SE VOCÊ TROCAR AS DESCULPAS POR ASSUMIR 100% A RESPONSABILIDADE PELA SUA VIDA?

Dar desculpas gera um certo alívio, não é mesmo? Só que esse alívio é temporário e pode diminuir muito nosso poder pessoal, criatividade e produtividade, além de tomar muito do nosso tempo, entre outros efeitos colaterais. Neste capítulo, com uma linguagem clara, firme e simples de ouvir, você terá perguntas, exemplos e técnicas de como exterminar desculpas sobre tempo e horas marcadas, como descobrir o que quer e ter mais firmeza, como aumentar o seu poder pessoal juntando tudo. O conteúdo apresentado é baseado na Programação Neurolinguística e no processo de *coaching*, e traz casos reais atuais que vão fazer você e a quem ama se interessar aplicando as técnicas e eliminando as desculpas uma por uma!

AMILCAR ALVES TUPIASSU FILHO

Amilcar Alves Tupiassu Filho

Contatos
amilcartupiassu@gmail.com
Telegram: @AmilcarTupiassu
Instagram: @amilcarcoach
91 98845 0505 / 11 96972 7908

Coordena grupos de trabalho focados em desenvolvimento pessoal e geração de renda usando internet e outros meios à distância. Especialista em emagrecimento e mudança de hábitos, *master coach*, professor e palestrante em âmbito nacional, com MBA em Gestão de Negócios e Tecnologia da Informação pela FGV. Mestre em Programação Neurolinguística e Master Trainer em PNL. Administrador de Empresas. Formação em Cibernética Social, Hipnose *Standard* e Ericksoniana, Controle Mental pela Academia Brasileira de Ciências Mentais (SP) e Associação Azul de Pesquisas da Mente (PR). Especialista em Neurossemântica, sempre atualizado e participando dos eventos importantes na área. Empresário, trabalha como *personal coach*. É membro da Equipe de Presidentes Executivos na Hb. Desde 1993, apoia pessoas a descobrirem seus potenciais, tendo entre seus clientes desde pessoas que se tornaram presidentes de empresas e líderes de segmento até atletas que conquistaram ouro em competições nacionais e internacionais.

A importância de diferenciar desculpas de justificativas

Esse tema é particularmente interessante. Quem já não deu (ou inventou) uma boa desculpa, não é mesmo?

Vou começar com uma confissão – e quem sabe você que está investindo seu precioso tempo no seu desenvolvimento pessoal e profissional lendo esse importante livro vai lembrar de algo que aconteceu consigo: eu não agendei uma data limite para escrever este capítulo e perdi o prazo!

Então você deve estar pensando "você vai começar a falar de exterminar desculpas já dando uma desculpa?"

Sim, sem diagnóstico, ou na matemática e física, sem equacionar o problema não é possível ou é mais difícil solucionar qualquer coisa.

Daí a primeira lição: meu padrão de não cumprir certos prazos tem relação com a falta de planejamento prévio!

E isso para um MBA e *master coach* como eu é duro admitir.

E por que então não planejo algumas coisas adequadamente?

É essa e outras perguntas que vamos fazer e responder no capítulo. Aguarde os últimos parágrafos.

Vamos voltar um pouco no tempo. Dependendo da sua região, seu avô ou bisavô almoçava em casa, eventualmente tirava uma soneca (cientificamente recomendada hoje em dia) e voltava para o trabalho. Há um mês fui dar uma palestra na Ilha do Marajó e soube que o intervalo do almoço ia do meio-dia até as 15h ou 15h30, muito adequado ao clima quente da região.

Então eu revivi a flexibilidade dos nossos antepassados, sem internet, sem relógio de pulso, sem prazos apertados e com muito menos estresse; e junto disso tudo muito mais "jeitinho" do que hoje. E se o jeitinho não desse certo, vamos apelar para as desculpas.

"Não deu, não consegui, não sabia, você não me explicou direito, isso é complicado, sabe o que é que aconteceu..."

Não estou falando que o povo da ilha dá desculpas, e sim que tem um tempo diferente. E cada um de nós, no nosso modelo de mundo, tem um tempo diferente que nem sempre combina com o seu novo emprego, trabalho ou momento acadêmico.

E aí que técnicas de PNL e *coaching* podem ser úteis para exterminar as desculpas e aumentar o seu poder pessoal.

Técnica 1 – como chegar no horário ou antes sem sofrimento e estresse?

Durante anos vivi o estresse de chegar no horário ou dois a cinco minutos atrasado.

Eu me sentia mal. Escutava aquela voz dizendo "De novo atrasado, seu Atrasildo!", o que em PNL chamamos de diálogo interno, e começava meus compromissos abalado emocionalmente ou pelo menos fora do meu pleno potencial. Mesmo assim não mudava.

Na graduação de PNL, entre as dezenas de tarefas que tivemos, precisamos descobrir o modelo (modelagem) de pessoas bem-sucedidas em determinados ramos de atividade; e eu usei a técnica para me modelar. Era muito bem-sucedido em chegar no horário ou com pouco atraso e me sentir mal com isso. Eu era um SUCESSO em me sentir mal, pois sempre acontecia.

Então fiz a pergunta que você vai fazer para si mesmo agora:

"Como você consegue chegar sempre um pouco atrasado e por quê?"

Resposta: Como eu queria ser sempre muito produtivo, calculava o tempo para ir de um compromisso a outro sem margem para trânsito ou outros imprevistos. E, para piorar, se tivesse folgas, eu preenchia com uma tarefa que eventualmente não cabia na janela de tempo.

Vamos supor que eu tivesse que atender uma pessoa no meu escritório às 10h da manhã e levasse 1 hora de casa para o escritório. Quando dava 8h30 eu pensava "Ainda tenho meia hora, deixa eu começar uma tarefinha agora para preencher esse tempo." Só que a tarefinha não durava 20 ou 25 minutos, durava 30 ou mais! Aí saía 9h05 e chegava 10h? Eventualmente sim, com muito esforço e correria, ou com um pequeno atraso. Era bom para mim? Não! Era bom para a minha imagem diante da pessoa que eu ia encontrar? Não! Era bom para o trânsito da cidade, ter mais um motorista estressado? Não! Então por que eu mantinha o comportamento?

Pergunta: "Por que manter alguns comportamentos que você pode mudar?"

Resposta: Porque eu realmente precisava aproveitar aquela meia hora e ser produtivo! Então esse mau hábito, no final das contas, me fazia chegar atrasado e já tinha a desculpa boa embutida. Cheguei atrasado porque estava fazendo uma coisa importante que só terminou faz pouco tempo!

Quando eu descobri a causa real do atraso, muito boa por sinal, ser produtivo, consegui fazer outra pergunta que você vai se fazer agora.

"Existem outras maneiras de ser produtivo e chegar no horário?"

A resposta mais comum é sim! Outra resposta é: vou encontrar essas maneiras!

O que realmente fez a diferença foi descobrir que eu tinha uma intenção positiva por detrás do comportamento negativo: chegar atrasado e atender a essa intenção positiva; no caso, ser produtivo.

Hoje consigo dimensionar melhor o tempo entre cada um dos compromissos e me permito sair 8h30; e, ao chegar antes, relaxar e aumentar o meu poder pessoal de estar com aquela pessoa, naquela reunião ou naquela tarefa – e, é claro, minha produtividade aumentou.

Decidi colocar essa técnica aqui no livro porque a maioria dos meus clientes do processo de *coach* que dão desculpas sobre atrasos de horário ou de entrega de trabalho tem o mesmo programa: colocar outras tarefas antes do compromisso que acaba gerando o atraso.

Para 99% deles, só isso resolve o problema, e para os outro 1%, vamos ver adiante.

Técnica 2 – descubra o que realmente quer; aumente a clareza, a firmeza e o tom do que você quer!

Você pode dar desculpas ou encontrar a solução, a opção é sua. Escutei várias vezes o filósofo de negócios Jim Rohn dizer isso para mim na sua voz única. Imediatamente eu pensava, "mas essas tarefas são muito complexas, ninguém vai conseguir fazer!".

Desgraçadamente, deveria dizer felizmente, mas vou usar desgraçadamente, alguém da turma terminava a tarefa no prazo, e aí? Pois é, se o desgraçado fez, então é possível! Se é humanamente possível e eu sou humano, eu posso fazer, então desgraçadamente minha desculpa não ia colar!

Ou você aumenta suas habilidades ou diminui os seus sonhos! Ela também dizia.

O quê? Diminuir os meus sonhos? Eu, descendente de indígenas e maravilhosamente miscigenado, não vou embarcar no complexo de "Você não vai conseguir", comum em quem tem origem menos abastada, ou "Isso não é para o seu bico". Daí aquele velhinho de cabelos cor de prata parecia estar me desafiando diretamente e dizendo: "Diminua seus sonhos, você não vai viajar pelo mundo, não vai inspirar milhares, não vai ter dinheiro para caridade etc.".

Então comecei a fazer a pergunta certa e você pode fazer também: "O que aquele desgraçado, que hoje chamo de abençoado, sabe que eu ainda não sei? Que habilidade ele desenvolveu ou quem ele contratou para apoiá-lo? Ou que outros recursos ele usou que eu posso usar também?".

Estou te convidando a fazer perguntas fortes para si mesmo. Você está disposta(o) a desenvolver habilidades que já tem ou novas para conquistar o que quer?

Com 15 anos eu tinha um sonho: tocar órgão eletrônico. Os anos foram passando, e eu nada de tocar órgão; e a frustração aumentando. Será que eu não tenho talento? E daí vinham muitas desculpas.

Felizmente, com 26 anos, concluí o meu primeiro ano de *practitioner* em PNL e meu mestre me fez uma sequência de perguntas que você pode adaptar certamente para a sua vida, pois para tudo eu respondia um sonoro NÃO.

1. Você tem órgão eletrônico em casa?
2. Você está economizando para comprar um órgão eletrônico ou tem alguém para te dar os recursos para ter um órgão?
3. Você vai se matricular num curso de música que ensine a tocar órgão?
4. Você vai contratar um professor que, além de te dar aulas, vai te emprestar o instrumento?

E finalmente ele disse: "Você realmente NÃO QUER tocar órgão; isso é apenas um sonho no nível de devaneio. Esqueça e coloque seu foco e energia no que você realmente quer!".

Foi um santo remédio!

Use essas perguntas e você vai exterminar muitas das suas desculpas, viver melhor e contribuir mais para o mundo.

Técnica 3 – assuma responsabilidade! Vá fundo até aumentar seu poder pessoal

Se você é o melhor da mesa, então está na mesa errada!

Repito isso frequentemente para mim, e isso me ajuda a me cercar de pessoas muito melhores que eu em vários segmentos da vida; e, ao mesmo tempo, eu assumo a responsabilidade quando entro num projeto e ele não dá o resultado esperado.

Quantas vezes você não escutou alguém dizendo: "Ele tirou nota ruim na prova porque o professor é ruim."; "Ele estudou tanto e não foi aprovado, coitado. Ficou nervoso na hora da prova."; "Se não tivesse prova oral dava para passar!"; "Se fosse com tal regra seria mais justo!"; "Se o prefeito, governador, presidente ajudasse eu conseguia!".

Enfim, é comum (não penso que seja normal) dar desculpas, pois todo mundo dá!

Todo mundo? Cem por cento das pessoas, cem em cada cem, vivem dando desculpas?

Na verdade, os maiores realizadores não dão (muitas) desculpas nas suas áreas de atuação. Eles trocam desculpas por soluções já testadas por outros ou inéditas. Eles assumem 100% da responsabilidade.

Ah, mas você não conhece o meu chefe (esposo, esposa, irmão, irmã, sócio, sócia etc.).

Então, troque de trabalho! Melhore o nível das relações, enfim, resolva.

Ah, mas você não entende. Não dá para fazer isso!

Então, faça a escolha da maioria das pessoas que sofrem com problemas "sem solução": sofra!

Lembre-se: assumir responsabilidades não é simplesmente assumir culpas, é também aumentar o seu poder pessoal.

Você tem problemas financeiros? Tenho, a maioria das pessoas tem! Você ganha pouco? Ganho, a maioria das pessoas ganha pouco. Você está acima do peso? Estou, a maioria das pessoas está acima do peso!

Então diga: "A culpa é minha e a responsabilidade é minha!". Não é do banco ou do governo, porque se for culpa do banco ou do governo seus problemas financeiros só terminam quando o banco ou o governo mudarem as regras financeiras; e isso pode não acontecer no nosso tempo de vida! Se a culpa é sua, você pode se perguntar: "Quais habilidades a minoria que não está endividada desenvolveu que eu posso desenvolver?"

O mesmo raciocínio é válido para um número enorme de situações; afinal, se um problema realmente não tem solução, ele está tecnicamente resolvido!

Assuma 100% da responsabilidade. Responsabilidade, neurolinguísticamente falando, é a habilidade de responder a um acontecimento ou problema e que transforma também problemas em desafios. Só essa mudança linguística já aumenta o seu poder pessoal.

Eu tenho uma amiga que tem diversos e complicados problemas de saúde. Já passou por várias cirurgias e, apesar disso, ou até por causa disso, é uma grande referência para mim. Sempre que pergunto se ela está bem, ela responde: "Não, não estou bem. Estou MARAVILHOSAMENTE BEM!".

Ela assimilou que tem coisas que ela não consegue ou não pode fazer, e tudo bem; ela foca no que consegue. Trabalha, estuda, faz atividades físicas, sai no final de semana, talvez tenha uma vida até melhor do que grande parte das pessoas que não passou pelo que ela passou. Ela não dá desculpas, faz. E para algumas coisas ela diz: "Estou ocupada" ou "Prefiro não fazer" e pronto. Sem desculpas. E, aproveitando, sempre chega no horário ou antes.

Técnica 4

Vamos tratar daquele 1% que mesmo com as técnicas citadas anteriormente continuam dando desculpas.

Primeiríssimo passo. Perdoe-se!

Tomamos as melhores decisões que estavam disponíveis para nós naquele momento em que as tomamos.

Dizem: "Errar uma vez é humano, persistir no erro é burrice". Você sabia que grande parte dos milionários de 1ª geração já faliram ou mudaram completamente de negócio mais de uma vez? Então, eles persistiram no "erro" de empreender ao invés de procurar um emprego!

Se você está persistindo em algum erro ou atividade que não está te dando o resultado que você quer, comece a fazer perguntas mais profundas e decida parar de se desculpar.

Vou contar algumas histórias e as perguntas que fiz para estimular a solução dos problemas e recomendo que você vá fazendo essas perguntas para si mesmo e até outras que vierem à sua mente.

Uma vez um *coach* disse que queria fazer uma coisa simples para a maioria das pessoas com nível superior como ele: ler um livro até o fim.

Já começo dizendo que nem sempre ler um livro de capa a capa é a melhor estratégia. Num livro maior, de centenas de páginas, alguns capítulos não são tão úteis para sua vida. No século XXI, com muita informação sendo criada todos os dias, é impossível lermos tudo e aprendermos tudo.

Então perguntei para ele: "Você quer ler, mas o que te impede?". Ele respondeu: "Não tenho tempo!". Bem, tempo é artigo de fabricação (ou uso) própria. "Todos temos 24h, então o que mais te impede?". Ele disse: "Não consigo me concentrar!".

"Você não consegue ler uma ou duas páginas por dia, ao acordar ou antes de dormir?" Ele disse que sim. Na sessão seguinte, ele não tinha lido nada e estava se sentindo péssimo com isso. Então, falei do meu tio Rafael, que me ensinou a ler. Na verdade, a gostar de ler. Ele me dava histórias em quadrinhos quase todas as semanas; e meus pais, vendo o interesse, me deram livros pequenos de histórias, sem figuras, e depois livros maiores.

"O que você está disposto a ler que não sejam revistas inúteis?" Ele disse que já tinha livros em casa e que não conseguia escolher o que começar! No dia seguinte, ele começou a ler um deles e não parou mais.

Uma amiga não conseguia emagrecer e me disse que, com o passar dos anos, mesmo comendo as mesmas coisas que comia antes, sem exageros, estava continuamente engordando.

O mundo mudou e a comida piorou. Não quero ser polêmico aqui, mas isso é um fato. Minha avó abatia um frango que nascia no quintal dela depois de 8 meses. Hoje um frango de supermercado ficou adulto em 43 dias, não é a mesma carne. Na minha cidade pego manga que cai na rua, do chão ela exala o aroma. A manga do supermercado, tenho de encostar no nariz ou até arranhar com as unhas para sentir o cheiro. Não é a mesma fruta, tem menos nutrientes. Então, as pessoas estão comendo mais quilos e tendo menos nutrientes. Isso explica em parte a explosão de obesidade no mundo.

No caso da minha amiga, além de recomendar que fizesse um programa especializado de emagrecimento, perguntei por que ela continuava ingerindo café com leite, pão branco e açúcar como desjejum e jantando café com leite com torradas e margarina à noite.

Ela me respondeu que fazia isso faz tempo e que não pensava em mudar.

Ela emagreceu os 5 kg que queria fazendo três alterações. Contratou um programa sério de emagrecimento com suplementação e acompanhamento semanal, mudou o desjejum e mudou o jantar.

Mudando a mente, trocando desculpas por perguntas, vem o resultado esperado.

2

EDUCAÇÃO FINANCEIRA

Saber lidar com o dinheiro, com todas as atividades relacionadas às finanças e as consequências emocionais dessas relações faz parte da educação financeira. Neste capítulo, venho compartilhar com vocês quais são, ou melhor, qual é o maior vilão dessa relação com o dinheiro. Então, não perca tempo e me acompanhe nessa jornada!

DANIELE BICHO DO NASCIMENTO

Daniele Bicho do Nascimento

Contatos
danielebicho@gmail.com
Instagram: @danielebicho
11 98736 3399

Matemática graduada pelo Centro Universitário Fundação Santo André. Pedagoga graduada pela Universidade Bandeirantes de São Paulo. Educadora financeira, pós-graduada em Educação Financeira com Neurociência. Professora desde 2002. Empreendedora. Mãe de dois meninos. Palestrante espírita.

A coisa mais importante é fazer da coisa mais importante a coisa mais importante!"
FLAVIO DOMINGUES

É eu sei! Quando eu ouvi essa frase pela primeira vez também pensei "O quê? Tá doido", mas o dilema aqui é dar a devida importância ao que de fato é prioridade. Você consegue definir qual é a sua prioridade do dia? Da semana? Do mês? Ou, mais ainda, da sua vida?

Mas primeiro vamos definir o que é prioridade:

> Prioridade: substantivo feminino. 1 Condição ou estado de primeiro; antecedência no tempo e na ordem. 2 Condição do que está em primeiro lugar em urgência ou necessidade; primado: Educação e saúde devem ser prioridades em qualquer governo. 3 Direito ou possibilidade legal de falar primeiro ou de ser atendido em primeiro lugar; preferência, primazia: No Brasil, há uma lei que dá prioridade de atendimento em órgãos públicos, bancos etc. a idosos, gestantes e pessoas com necessidades especiais. (MICHAELIS, 2022).

Agora que você sabe com clareza o que é prioridade, consegue definir qual é a sua?

Se você não definir qual é sua prioridade, passará a vida resolvendo e realizando as prioridades dos outros. Passará a vida apagando incêndios diários para resolver problemas que muitas vezes não são seus.

Agora é que vem a questão: por que você não definiu ainda sua prioridade?

Princípios

Quando falamos em Educação Financeira, estamos falando muito mais sobre mudanças de hábitos e de comportamentos do que sobre dinheiro.

O dinheiro que temos, ou que não temos, é reflexo das nossas ações ou da falta delas.

Todo mundo quer ter mais dinheiro, dinheiro sobrando! Buscam novos meios de ganhar mais dinheiro, mas esquecem que se continuarmos com os mesmos hábitos continuaremos obtendo os mesmos resultados. Porque o detalhe não é o quanto ganhamos, mas o que fazemos com o que ganhamos.

Já precisamos ter ciência de que dinheiro não leva desaforo! Se você não tem um plano para ele, ele irá embora sem você se dar conta.

Quando começamos um acompanhamento em Educação Financeira, o primeiro passo é trazer o cliente de volta a sua realidade. É o choque de consciência!

Orientamos ao cliente que faça anotação de todos os valores que entram (salário, bônus, participação de lucros, comissão, doação, pensão, mesada etc.) e de todos os valores gastos, mas todos mesmo, sem exceção: conta fixas (aluguel, água, luz, gás, telefone, mensalidades, prestações, alimentação etc.) e contas extras (supérfluos, guloseimas, lazer, gorjetas etc.)

Geralmente, durante esse procedimento, o próprio cliente já começa a perceber o que está acontecendo para que sua situação financeira esteja do jeito que está.

Alguns já iniciam um processo importantíssimo de conscientização e começam a observar o que pode mudar em sua rotina, em seus hábitos, para melhorar a situação. Outros, no entanto, sabotam o procedimento, não anotando tudo de fato, ou começam a criar desculpas para justificar suas ações. Quando isso acontece, é interessante o cliente complementar nosso acompanhamento financeiro com uma terapia para cuidar das questões emocionais ocultas nessas suas atitudes.

Vamos fazer um teste? Qual destas desculpas você já usou ou ainda usa?

"É que eu ganho pouco."
"É que meu(minha) filho(a) pediu."
"É que eu tinha uma festa."
"É que precisei comprar um remédio."
"É que estamos em pandemia."
"É que está tudo muito caro."
"É que precisei ajudar tal pessoa."

E esse "é que" vai aparecendo e encobrindo nossas ações impensadas, não planejadas.

"Ah, Dani... mas para você é fácil falar! Você é Educadora Financeira!"

Pare de arrumar desculpas para justificar a falta de resultados positivos.

Eu também já passei por esse processo!

Sim! É isso mesmo!

Eu passei anos com o nome sujo, gastando mais do que eu tinha e sempre arrumava uma desculpa para convencer a mim mesma do que estava fazendo, para aliviar momentaneamente a minha responsabilidade.

Até que chegou o momento de eu dar um basta nisso! Eu não aguentava mais essa situação, mas não sabia como resolver.

Comecei a estudar Educação Financeira para a implantação no colégio em que trabalhava e aprendi muito para a minha própria vida!

Então, da mesma forma que eu estudei, pesquisei e consegui colocar os princípios da Educação Financeira em prática, você também consegue!

É claro que eu me aprofundei nos estudos, me especializei, para que hoje consiga, além de aplicar em minha vida, ensinar outras pessoas a realizarem seus sonhos e alcançarem seus objetivos.

A prática

A primeira coisa de que você deve ter consciência é que: "Desculpa é uma mentira que contamos para nós mesmos". Então, pare de mentir para si!

Quem é bom em desculpas, não é bom em mais nada.

Você precisa fazer uma autoanálise para identificar qual é a sua prioridade. Faça uma lista das coisas que, de fato, são importantes e que só você pode resolver.

Depois de feitas as anotações sobre seus ganhos e gastos, é hora de ser honesto consigo mesmo e identificar o que deve ficar no orçamento e o que tem de sair da sua rotina de gastos e consumos. No entanto, você só conseguirá tomar decisões se conseguiu identificar quais são as suas prioridades.

Feito isso, é hora de colocar a mão na massa! Colocar as estratégias e decisões em ação.

Aprendizagem sem prática é igual a cheque sem fundo. Não serve para nada!

Use todo aquele potencial em dar desculpas para algo produtivo, para construir caminhos e possibilidades de alcançar seus objetivos!

Toda vez que pensar em arrumar uma desculpa para não colocar em prática as ações que o levarão a uma vida financeira mais equilibrada, pense no objetivo final. Pense na grandiosidade do seu propósito de vida! Porém não seja radical! Mudanças muito duras e bruscas tendem a fazer as pessoas desistirem num curto período. Então vá aos poucos, mas com mudanças consistentes e permanentes! Coloque mudanças gradativas; e conforme você for notando a diferença – principalmente na conta bancária – terá motivação para inserir novas mudanças de hábitos!

Para potencializar suas decisões conscientes, lembre-se de colocar metas, objetivos e sonhos a serem realizados!

Para alcançar um objetivo maior, a sugestão é que você divida-o em metas menores, como degraus que deverá subir. A cada degrau você estará mais perto de realizar esse objetivo final.

Ah! E lembre-se de comemorar a cada conquista, mesmo que pequena! Comemore, no sentido de celebrar cada vitória, cada passo, cada degrau!

Quanto mais perto você chegar de realizar seus sonhos, mais motivação sentirá para continuar colocando essa técnica em prática!

Como você pode perceber, não há uma fórmula mágica. O segredo está em cada um de nós! No nosso poder de tomar decisões, mesmo que difíceis. Então chegou a hora de assumir o comando e escolher de forma consciente onde queremos chegar e qual caminho iremos seguir!

Referência

PRIORIDADE. In: MICHAELIS, Dicionário brasileiro da língua portuguesa. São Paulo: Melhoramentos, 2022. Disponível em: <https://michaelis.uol.com.br/moderno-portugues/busca/portugues-brasileiro/prioridade>. Acesso em: 27 jul. de 2022.

3

REALIZANDO SEUS SONHOS, EXTERMINANDO DESCULPAS

E aí, você sabe o destino em que quer chegar? Talvez uma viagem, um negócio, um parceiro de vida; muitas vezes, um filho(a) ou um imóvel... Sei que com determinação e coragem, e exterminando desculpas, você poderá alcançar todos os objetivos da sua vida.

DANIELE POMARI

Daniele Pomari

Contatos
danielepomarisilva@gmail.com
daniele_pomari@hotmail.com
Facebook: Daniele Pomari
Instagram: @pomaridaniele
19 99236 0371

Empreendedora e diretora do Studio Pomari. Formada em Hair Design & Stylist – Pivot Point Brasil e na academia LLongueras (Argentina) – e em Cor e Visagismo. Especialista em cortes e definição em cabelos cacheados. Premiada Tesoura de Ouro de 2018 Oficial. Maquiadora/penteadista/colorista no Flavio & Claudia Cabelos. Em formação de *Coach* pela Polozi e PNL *Practitionner* – Instituto Tera. Participou de cursos e palestras internacionais de desenvolvimento humano como Liderança extrema (Marroquina); Mulheres brilhantes; Três chaves mestras; Seja seu próprio Coach no Instituto Marchetti. Escritora e coautora do livro *Mulheres fora de série* (coordenação de Patricia Gonçalves). Palestrante no CONGRAFEM – Congresso On-line de Apoderamento Feminino –Cocriarte Produções.

Não são suas condições, e sim suas decisões que determinam seu destino.
ANTHONY ROBBINS

Estabelecer horários e, muitas vezes, exterminar desculpas, estará ligado em aprender novas fórmulas. Realizar sonhos, estabelecer novas metas. Olhar com clareza para os objetivos, desenvolvendo novas habilidades, se autoconhecendo e desfazendo-se de crenças que te limitam, saindo fora da caixa e acreditando no poder que há em você, o poder de recriar, de cair e levantar. Cada acontecimento na sua vida será motivo não só de crescimento pessoal, mas um propósito de vida. Neste capítulo você aprenderá como pode mudar sua vida, como acreditar mais em si, desde aquele pequeno passo, como uma grande realização, buscando o imaginável. Sem sonhos você fica paralisado. Buscar seus sonhos exigirá de você empenho e dedicação. Sem sonhos, a vida não tem brilho. Sem metas, os sonhos não tem alicerces, sem prioridades, os sonhos não se tornam reais.

Sonhe, trace metas, estabeleça prioridades e corra riscos para executar seus sonhos.
AUGUSTO CURY

Liderando seus pensamentos

A mente é criativa, e todas as condições, ambiente ou experiências da nossa vida são o resultado da nossa atitude mental habitual ou predominante!

A atitude da mente necessariamente depende da forma como pensamos!

Então, o segredo de todo o poder, de toda a realização e de todas as posses depende literalmente do nosso método de pensar.

Isto é verdade porque nós devemos ser "antes de podermos fazer", e nós só podemos fazer "a extensão do que nós somos"; o que nós "somos" depende diretamente do que "pensamos". Não podemos expressar poderes que nós não possuímos! O único modo pelo qual nós podemos fazer uso desse poder é ficarmos conscientes dele; e nunca podemos ficar conscientes do poder até que aprendamos que todo o poder vem de dentro!

Há o mundo interior – um mundo de pensamentos, sentimentos e crenças – que dá poder à luz, à vida e à beleza; e embora esse poder seja invisível aos olhos humanos, suas forças são poderosas!

O mundo interior é governado sobretudo pela nossa mente! Quando descobrirmos e compreendermos esse mundo, nós acharemos a solução para todo problema, a causa para todo efeito; e como esse mundo interior está sujeito ao nosso controle, todas as leis de poder e posse também estão completamente no nosso controle! **O nosso mundo exterior é uma reflexão direta do nosso mundo interior, e nunca o contrário!** Em outras palavras, se existir qualquer tipo de caos, escassez ou limitações na nossa mente (mundo interior), nosso mundo exterior (realidade física) irá ser semelhante a essas condições e circunstâncias que temos no nosso mundo interior! **Por isso, é afirmativo usarmos a nossa capacidade/habilidade para controlar e redirecionar o nosso mundo interior para**

aquilo que desejamos! No mundo interno, podemos descobrir Sabedoria Infinita, Poder Infinito ou Provisão Infinita de tudo aquilo que necessitamos, enquanto esperamos pela criação, desenvolvimento e expressão no mundo exterior! Se acharmos sabedoria no mundo interior, teremos a compreensão para discernir as possibilidades maravilhosas que estão ocultas neste mundo. E teremos o poder para fazer essas possibilidades se manifestarem no mundo que queremos. **Como ficamos conscientes da sabedoria no mundo interior, tomamos posse dessa sabedoria mentalmente; e tomando posse mental, entramos na posse atual do poder e da sabedoria necessária para trazer a manifestação dos essenciais necessários para a maioria completa e o desenvolvimento harmonioso.** O mundo interior é o mundo prático no qual os homens e as mulheres de poder geram coragem, esperança, entusiasmo, confiança e fé; no qual são determinados pela inteligência, ter a visão e a habilidade prática, para tornar realidade essa visão.

Toda posse está baseada na consciência. Todo ganho é resultado de uma consciência acumulativa. Toda perda é resultado de uma consciência se espalhando. Nós nos relacionamos com o mundo sempre pela nossa mente objetiva.

"Porque eu bem sei os pensamentos que tenho a vosso respeito, diz o Senhor, pensamentos de paz e não de mal, para vos dar o fim que esperais" (JEREMIAS 29:11).

> *Se você não sabe para onde ir,*
> *qualquer caminho serve.*
> LEWIS CARROLL

Exatamente há 12 anos, eu era operadora de caixa em uma loja de roupas. Vou mostrar neste capítulo que justamente não são as suas condições, e sim as decisões, a maneira como você pensa e vê as coisas e, principalmente, o que você aceita viver e da forma que aceita, ou como se posiciona diante das dificuldades. Eu procuro mudar a palavra "difícil" ou "dificuldade" pela palavra "desafio" ou "desafiante", pois o difícil já está determinado que é difícil, o desafiante te desafia a fazer e percebe que no desafio existe sempre uma possibilidade.

Acho que trabalhei por dois anos na loja, mas eu comecei nesta loja como vendedora. Na época eles só registravam com salário fixo quem atingia a meta mensal, que agora não vou me recordar, mas me lembro que se não vendesse não ganhava. No meu coração eu sabia que Deus tinha o melhor para mim. Era comissão, e não tem nada de errado com quem trabalha assim, a minha questão é que naquele momento eu queria algo com que pudesse contar. Ia a pé para o trabalho e, mesmo que eu não ganhasse, fazia o meu melhor. Como sempre fui muito comunicativa, a supervisora geral me chamou para ser empacotadora, então teria salário fixo. Fiquei muito feliz; era muito feliz e agradecida até que passei a ser operadora de caixa dessa empresa, mas quando entrei nesse trabalho, na verdade, eu pagaria para trabalhar. Passei vários dias sem vender, e outras vezes vendia, meus familiares e amigos me diziam: "Você vai a pé, não vai ganhar pelo dia de trabalho e ainda leva marmita?" Mas eu acreditava muito que podia bater as metas estabelecidas e ser registrada pela CLT. Se fosse ouvir as pessoas ao meu redor ou olhar para o que enxergava, eu não estaria aqui hoje escrevendo para você.

Mas o que a frase do Tony Robbins tem a ver com tudo isso, Daniele Pomari?

Naquela época não conhecia o desenvolvimento humano nem o Tony, mas já praticava a fé. Independentemente de religião eu acredito muito na Bíblia, um dos maiores livros para mim – um livro vivo, que se renova a cada leitura. Depois de muito tempo li a lei da atração, e tinha coisas que eu praticava e que eram normais para mim, sem ao menos perceber que praticava essa lei. Nossa mente é muito poderosa: ela cocria aquilo que pensamos; talvez você já conheça sobre ela, ou não.

Exterminei minhas desculpas. Eu estava sem dinheiro, mas já aplicava sobre a minha vida a fé; fiz a minha inscrição e de forma extraordinária consegui me formar, minha vida foi caminhando para os objetivos e os sonhos se tornando reais. Com pouco tempo trabalhando com beleza, fui buscar aperfeiçoamento fora do país, o que para mim foi muito extraordinário. Todos os profissionais famosos que eu seguia e admirava estudavam nessas academias de cortes, então eu pensava "Um dia ainda vou fazer essa academia". Praticar a fé é isso. Hebreus 11:1 diz: "Ora a Fé é o firme fundamento das coisas que se esperam, e a prova das coisas que não se veem". Eu consegui me formar na academia Llongueras. Se consegui realizar meus sonhos, você também consegue! Neste versículo de Hebreus, esperar não é ficar parado esperando, não! Se você esperar parado, sem ação, não chegará a acontecer; é a prova das coisas que não se veem, pois ainda não vimos, mas já acreditamos que irá acontecer. A minha decisão sempre me levou a lugares aos quais eu quis chegar. A ousadia, a vontade de dar o melhor para minha família; minha irmã mais nova sempre me ajudou a realizar meus sonhos. Muitas vezes o que está faltando para você é o TBC (tirar a bunda da cadeira).

Sempre ouvi alguns líderes dizerem: "Tem de orar, esperar em Deus". Sim: a oração é muito importante. Há estudos que afirmam que orar é quase que como alimentar-se. Porém, a oração (Ora-Ação eu diria) precisa ter ação. Muitos têm o hábito de dizer "esperar em Deus". Esperar em Deus é fazer em Deus, o que quer dizer sabedoria e honestidade, sem dar jeitinho. Já fui essa pessoa que achava que esperar em Deus era simplesmente ficar esperando sem fazer nada (muita gente que eu conheço pensa assim). Deus quer que supliquemos, que falemos sim, mas tem o lado que precisa de ação. Segundo o dicionário Oxford:

- **Orar**: oração ou suplica religiosa.
- **Ação**: evidência de força e energia.

Então, juntando as palavras Orar e Ação, teremos a Oração. Ao juntar os significados e colocarmos a súplica e o pedido com o movimento e a energia teremos o êxito. A oração por si só já é uma ação, o ato de se dispor a falar. Porque a Bíblia diz que Deus já sabe antes de nós pensarmos. Ele já sabe, não quero de jeito algum dizer que a oração não é importante. Acho que é necessário orar sim, e buscar – sempre digo assim.

Ser consciente de quem você é filho (do Criador de todas as coisas) – você precisa primeiramente saber sua posição aqui neste mundo. Você é filha(o) de Deus – o Divino criador do universo. Altíssimo. Todas as bênçãos já foram liberadas para nós, o que precisa ser feito é você se direcionar, escrever suas metas, visualizar, sentir como se já estivesse realizado. Eu aprendi e passei todos esses ensinamentos para pessoas que eu amo.

Exterminando as desculpas na área financeira – uma grande mulher (é assim que vou chamá-la) um certo dia morava em dois cômodos, que foram cedidos por um parente. Vivia muito bem com seu esposo. Ela já possuía dentro de si a fé e a certeza de que Deus era por ela. A família começou a crescer: teve o primeiro filho, depois uma filha. A casa já ficava com pouco espaço para os filhos brincarem. Ela morava em uma área de risco, e aos poucos foi sentindo uma vontade enorme de mudar, mas não tinha reservas. Porém, eu havia comentado com ela sobre acreditar e buscar (ação). Então, perguntei: "Você quer?". Ela me disse: "Sim, é essa que eu quero!". Então pedi que se visse morando naquela casa, seus filhos felizes, colocasse ação e buscasse três pessoas que acreditassem no seu sonho. Tudo isso gerou a compra da casa. Foi lindo ver o agir de Deus naquela família. E você? Qual é seu grande sonho? Por que você acha que Deus daria a ela e não a você? A única diferença entre eu, ela e você é o agir. Deus quer que você faça a sua parte, a de ir buscar. Ele quer também que você seja ousado, que você extermine as desculpas. Sejam elas quais forem. Você me viu falar sobre fé, ação e superação, mas o que tem a ver com as desculpas? O que tem a ver é a forma que você olha para tudo. Metade das coisas que você não faz é por desculpas, como havia dito: TBC – tirar a bunda da cadeira, eliminar os pensamentos negativos, pensamentos de medo, pensamentos sabotadores – que talvez você tenha adquirido lá na sua infância –, exterminar as desculpas. Elas podem surgir em várias áreas da sua vida, na financeira, em relacionamentos conjugais etc. Acontece comigo o tempo todo. Eu precisava mandar meu capítulo para a editora e estava com problema na minha internet. Já fiquei desesperada. Como aprendi a controlar meus pensamentos, acalmei minha mente, me fiz perguntas e logo me vieram respostas sobre como resolver. Para eliminar as desculpas que nos aparecem é preciso de tempo. Vou falar um pouco sobre o tempo, ter gestão de tempo.

Exterminando desculpas, criando tempo – você diz que não tem tempo para fazer exercícios físicos ou para ler um livro. O tempo que você perde rodando o dedo olhando as redes sociais poderia, uma parte dele, ser usado para ler 15 minutos por dia. A prática da leitura diária pode te ajudar a ser melhor em alguma área da vida que precisa de mudanças. E se você acordasse mais cedo... No livro *Milagre da manhã*, o autor Hal Elrod fala sobre o milagre de acordar às 5:00 ou às 6:00 e não ter que fazer tudo correndo, com tempo para fazer aquilo para o que você sempre arruma uma desculpa. Eu sempre gostei dessa área de desenvolvimento humano: desenvolvimento pessoal. Vivenciei várias situações, comecei a estudar muito, participei de diversas palestras de desenvolvimento humano, li livros, fiz imersões e cursos, passei um tempo da pandemia estudando várias áreas. Usei o tempo para aprender, e o que percebi nesse período foi que tudo começa na gente, na forma de agirmos.

Você pode tudo aquilo que acredita em que acredita – seja autorresponsável, independentemente da sua religião, da sua situação, do meio em que você vive ou dos papéis que precisa assumir dentro de cada fase de sua vida. Não terceirize a responsabilidade que é apenas sua. Você é o único responsável pela vida que tem levado e mais ninguém.

4

NÃO ME CONTE HISTÓRIAS, MOSTRE-ME SEU COMPROMETIMENTO NO TRABALHO

Exposição de questões ligadas à concentração no trabalho, insubordinação, confiança, relacionamentos profissionais, compromissos, delegação, desculpas verdadeiras, encorajamento, empoderamento etc., que se não forem observadas prejudicam os resultados das organizações. E também, uma abordagem sobre o *accountability*, utilizado nos EUA e na Europa, e que está sendo introduzido na gestão brasileira.

FERNANDO TADEU PEREZ E PEDRO CARLOS DE CARVALHO

Fernando Tadeu Perez

Contato
fernando@fperez.com.br

Administrador de empresas com MBA pelo Insead – The European Institute of Business Administration –, uma das principais escolas de negócios da Europa, com sede na França. Conselheiro de administração certificado IBGC. Foi vice-presidente de Recursos Humanos da Volkswagen e diretor executivo de rh do conglomerado Itaú. Especialista nacional e internacional em fusões e aquisições, mudanças culturais, gestão de pessoas, relações do trabalho e negociações sindicais. Atualmente, lidera a Consultoria FPEREZ – Pessoas: Estratégia e Gestão.

Pedro Carlos de Carvalho

Contato
pedrocarvalhorh@yahoo.com.br

Mestre em Administração – UNISAL, pós-graduado em Educação à Distância – UNIP; graduado em Administração pela ESAN – Escola Superior de Administração de Negócios. Professor de graduação, MBA e pós-graduação. Autor de 8 livros e coautor em outros 23 livros. Diretor da COLOCAR RH e da AARC (Associação dos Administradores da Região de Campinas). Autor de artigos sobre Recursos Humanos. Foi gerente de recursos humanos na Sony, na Singer e na Alcatel Cabos. Ministra cursos e palestras.

A globalização deixou o mundo bem menor em todos os sentidos. Tudo agora é global, desde os processos de compras, em que as concorrências passaram a considerar fornecedores espalhados pelo mundo, até métodos de gestão, envolvendo projetos de novos produtos, sistemas, diversidade social, contratação de estrangeiros etc.

O Brasil vivencia momentos de grande instabilidade industrial, notadamente em questões pertinentes à qualidade e à produtividade. É bem verdade que em alguns segmentos existem registros de resultados excelentes (p. ex., no agronegócio), mas ainda é exigido e esperado muito mais empenho de empresas e empregados para a obtenção de novos e relevantes indicadores em outros segmentos nacionais.

O Brasil ainda é conhecido como um país com pouco investimento em inovação e criatividade, também de baixa produtividade. Os fatores geradores dessa baixa produtividade são muitos. A pouca tecnologia empregada na maioria dos processos e operações empresariais responde por boa parte dos resultados obtidos. Entretanto, a mentalidade do brasileiro repercute decisivamente para tudo isso e tem relevante importância para esse resultado.

O brasileiro adora uma "desculpa verdadeira".

O modelo brasileiro de gestão ainda busca a equiparação com os modelos praticados pelos norte-americanos, europeus e asiáticos. Aqui, quando um trabalho dá certo, é comum aparecer um monte de gente com o peito estufado para receber uma medalha, mas quando acontece algum problema e o resultado esperado não é entregue, aparece uma infinidade de desculpas.

É impressionante a quantidade de estudos desenvolvidos e explicações que são estruturadas para justificar o que não foi feito. Sempre é culpa do governo, da concorrência, de outro departamento interno das companhias, da estação climática, das greves, do câmbio e de mais uma boa série de motivos.

Observa-se com frequência, por conta disso, empresas que têm a prática de alterar metas em função dessas ocorrências. Mas é necessário discordar, frontalmente, dessa prática. Metas não devem ser alteradas em nenhuma hipótese. Quando muito, os resultados de metas não cumpridas por motivos extraordinários de força maior devem ser majorados. Isso na mais absoluta exceção e com fatos comprovados.

A grande questão é a má elaboração das metas. Norte-americanos, europeus e, principalmente, asiáticos, demonstram que, ao se elaborar metas, todos esses fatores, anteriormente mencionados, e muitos outros, devem ser levados em consideração. Até porque os gestores são pagos, e nos casos de cargos superiores, muito bem pagos com honorários mensais, bônus e incentivos de longo prazo para entregarem resultados e não desculpas.

Desculpas ou justificativas?

Pouco importa. O que merece ser analisado é a entrega de resultados. Existe um gestor de grande êxito profissional que por muito tempo trabalhou com um slogan: NÃO ME CONTE HISTÓRIAS.

Ele partia de uma premissa. Quem fez o trabalho previsto, entrega-o. Quando muito, dá uma explicação adicional sobre o feito. Agora, quem chega numa reunião e começa contando uma história não conseguiu fazer o planejado.

Frases típicas desse estado de coisas: "Veja bem..."; "Espero que vocês entendam que..."; "Apesar de termos envidado nossos melhores esforços...". Tudo isso é papo furado. Compreendem? Desculpas. Tudo desculpa de pessoas que não realizaram o trabalho ou que não souberam prever todas as intercorrências absolutamente previstas. Erro no planejamento.

É mais comum o erro no planejamento, o que gera metas erradas e irrealistas. Depois se tenta, com desculpas ou com múltiplos argumentos, justificar o erro. O pior é que a cultura nacional, paternalista, tem aceitado isso com relativa facilidade.

Há, também, o erro de execução. Falta de cumprimento de prazos, falta de boa delegação. Tem gente que ainda acha que delegar é transferir responsabilidades. Não faz um perfeito acompanhamento de cada fase do projeto. Quando acorda, não há mais alternativas para se obter os indicadores projetados. O prazo já se encerrou. Os dois erros são graves, mas o de execução é primário e inaceitável. Portanto, o que é relevante defender e enfatizar é que apenas situações realmente extraordinárias sejam aceitas como justificativas. Desculpas, jamais. Anteriormente, já discorremos sobre alguns motivos de termos baixa produtividade no Brasil. Como vimos, as razões são muitas e diversas. A falta de comprometimento é uma delas.

Outra é a falta da aplicação do conceito de *Accountability* na nossa maneira de fazer gestão. A falta é tamanha que esse conceito não é conhecido por boa parte dos gestores. Nem há uma palavra em português que o defina.

Accountability é um conceito que determina que os profissionais sejam mais comprometidos e responsáveis pelos resultados. É um incentivo à adoção de postura mais protagonista e propositiva diante das queixas e dos obstáculos enfrentados pelos gestores, de forma que passem a se enxergar como parte das soluções, evitando uma postura passiva de reclamações e esperando que alguém resolva seus problemas.

A ampliação de delegação é uma forma poderosa para que os gestores tenham uma atuação mais autônoma dos liderados, de forma que tenham, todos, maior clareza dos seus papéis, liderando atividades e assumindo total responsabilidade pelos pontos que lhes cabem. Esse conceito defende, também, que os principais problemas sejam trazidos à tona e discutidos abertamente entre as áreas da empresa, tendo em vista o que é importante para o negócio, sem vitimismos ou acusações.

Um grande problema que impera nas organizações é a falta de disposição e coragem para apresentar de forma profissional e objetiva problemas que estão sendo identificados em outras áreas. A cultura brasileira prefere pensar que "isso não é problema meu". Os gestores preferem se omitir a entrar numa bola dividida. Essa prática perpetua problemas que poderiam ser evitados com uma postura mais profissional. É comum que gestores façam média uns com os outros em prejuízo do todo.

Palavras-chave na cultura de *Accountability*:

- Alinhamento de expectativas.
- Influência.
- Visão do todo.
- Proatividade.
- Autonomia.
- Foco na solução.
- Proposições e sugestões.
- Delegação.
- Ousadia.

Em vez de apresentar desculpas, demonstre comprometimento no trabalho, que significa a ação de assumir um compromisso feito a alguém, baseando-se em regras propostas com o objetivo precípuo de alcançar a exatidão do ato ou mesmo da ação.

A palavra "comprometimento" tem origem no latim (*compromissus*), que indica o ato de fazer uma promessa recíproca.

Dessa forma, comprometimento representa um compromisso e requer responsabilidade da parte de quem se compromete.

No ambiente organizacional, o comprometimento não reside simplesmente em deixar uma boa impressão. Realmente, o compromisso com a empresa e com o trabalho realizado é permanente, reproduzindo a figura do empregado e seus esforços para a obtenção de indicadores apropriados de produtividade e qualidade, bem como a incessante busca de capacitação e toda a atenção dispensada aos colegas e superiores hierárquicos.

O comprometimento no trabalho é uma competência extremamente valorizada nas empresas e cria a conexão institucional entre a pessoa e a empresa.

Melo (2001) destaca que os estudos sobre o comprometimento no trabalho surgiram na segunda metade da década de 1970, nos Estados Unidos, e houve um aumento do interesse dos pesquisadores no final do século XX. No início da década de 1970, autores da área de psicologia social das organizações já apontavam a importância do estudo dos vínculos psicológicos do trabalhador com a empresa. Nessa época, o tema apresentava-se especialmente inserido no conjunto de pesquisas que buscam explicar e prever fenômenos como absenteísmo e rotatividade.

O profissional comprometido com a empresa é leal, conhece a sua cultura organizacional e trabalha para o seu sucesso.

É importante atentar para duas questões básicas: concentração no trabalho e concentração no relacionamento. A concentração no trabalho representa uma das competências mais relevantes e é muito valorizada no mercado de trabalho. Entende-se que os profissionais concentrados no trabalho podem obter mais resultados positivos. No entanto, não são todos que conseguem manter a concentração no trabalho.

Existem motivos para as distrações: telefone tocando, pessoas entrando e saindo, colegas conversando, problemas externos, família etc.

Quando se abordam aspectos relacionados à concentração no trabalho, é possível perceber: insubordinação e indisciplina, má qualidade do trabalho, pouco compromisso e pouca confiança.

A insubordinação ocorre quando se deixa de atender, sem justificativas, as instruções recebidas de um superior hierárquico. E a indisciplina acontece quando o empregado deixa de cumprir as normas e os procedimentos vigentes.

A má qualidade do trabalho não é uma conduta apreciável, visto que trabalhar é inerente à vida. Ser ativo, operante ou produtivo vai muito além do fato de que, por meio dele, o ser humano busca satisfazer suas necessidades básicas. O trabalho dignifica o ser humano.

O pouco compromisso aparece quando existem empregados com pouco empenho no trabalho, prejudicando a consecução dos objetivos organizacionais.

Todos os empregados da empresa constituem peça fundamental para o desenvolvimento e a obtenção de resultados objetivados. Assim, assegurar que todos tenham compromisso com o que fazem significa muito para as organizações, também para os próprios profissionais.

A confiança representa a expectativa por um resultado positivo e não simplesmente um traço de personalidade. Compreende um investimento, um esforço que provoca motivação, ter confiança quando se diz e plena convicção naquilo em que acredita são pontos relevantes para as pessoas. Essas aptidões e características promovem uma força magnética entre uma pessoa e seus relacionados, seja na família, no trabalho ou entre amigos.

E a concentração no relacionamento?

Goleman (2014) entende que para isso existem três tipos de foco:

• O primeiro é a concentração interna. Esse tipo de atenção possibilita entender e controlar nossos sentimentos e emoções.

• O segundo é a concentração nos outros, ouvindo o que as outras pessoas dizem e se colocando no lugar delas, buscando compreender o que estão vivenciando. Surge a empatia, com sentimentos nobres como a compaixão.

• O terceiro tipo resulta na atenção ao ambiente vivenciado e nas atitudes, que podem provocar reflexos nas outras pessoas. Essa atenção gera consciência social e sensibilidade aos problemas que afetam o mundo todo, como o aquecimento global e a fome.

Na concentração do relacionamento, podem ser registrados: inveja, inimizade, ciúme e até mesmo desprezo. A inveja é um sentimento polêmico, pois indica algo positivo que desperta algo negativo. Ela se manifesta por meio da alegria e da expectativa pelo insucesso do outro, com a esperança de que algo ruim possa lhe acontecer.

E o que comentar sobre a inimizade? É um sentimento de oposição entre duas ou mais pessoas, empresas, grupos de trabalho etc., que são inimigas, com má vontade pelo sucesso do oponente.

O ciúme representa um sentimento pertinente ao ser humano e que desponta em diversas situações. Ele provoca mais descontentamento que felicidade. Ele é visível quando existir desconfiança, insegurança, baixa autoestima, tendência ao controle e posse de algo etc., que dificultam a confiança em outra pessoa.

E o desprezo? Significa um sentimento com muita força emocional, demonstrando a inutilidade das pessoas envolvidas. Ele surge quando a avaliação do outro é taxada de inferior. Sua principal característica é a contínua depreciação ou uma não conformidade com o outro, seja uma pessoa, empresa, grupos, instituições etc.

Em vez de desculpas, é fundamental demonstrar o comprometimento com a empresa. E de que forma isso é viável?

- Dedicar-se no trabalho.
- Ter perspectivas de crescimento profissional.
- Estar alinhado com a empresa.
- Manter boas relações interpessoais.
- Observar as políticas e práticas empresariais.
- Respeitar a cultura da empresa.
- Preocupar-se com a sua qualidade de vida.

O empregado comprometido contribui significativamente para as operações empresariais e sabe que desculpas não agregam em sua *performance* e em seu desenvolvimento.

Dedicatórias: Fernando – ao amigo e mentor Diogo Alarcon Clemente; Pedro – aos amigos Jamil Lisboa, Silvio Henrique e Terumi Matsuguma.

Referências

GOLEMAN, D. *Foco: a atenção e seu papel fundamental para o sucesso.* São Paulo: Objetiva, 2014.

MELO, E. *Comprometimento organizacional, estilos gerenciais e poder organizacional: um estudo relacional.* Dissertação de mestrado. Instituto de Psicologia: Universidade de Brasília, 2001.

5

NOSSOS PORQUÊS E PARA QUÊS

Este capítulo traz uma reflexão da autora sobre a autorresponsabilidade para seguirmos adiante e a coragem de darmos o próximo passo. Por meio um fato corriqueiro, aprofunda o próprio entendimento sobre como modificar compreensões tão cristalizadas em nossos corações. O texto fala sobre *Familienstellen*, ou Constelação Familiar, segundo Bert e Sophie Hellinger, como uma ciência para a vida.

KARLA CUNHA

Karla Cunha

Contatos
cunhakarla103@gmail.com
11 95659 3198

Coautora do livro *Constelações sistêmicas* (Literare Books, 2021) com o capítulo "E o meu lugar, qual é?". Colaboradora na administração e professora da Hellinger®Schule e Faculdade Innovare. Auxiliar de Justiça no TJSP para as funções de perito contábil, liquidante e administrador de falências e recuperações. Facilitadora de *Familienstellen* (Constelação Familiar) desde 2017. Mestranda em Métodos de Resolução de Conflitos pela Funiber – Fundação Universitária Iberoamericana/SC. Pós-graduada em Direito Sistêmico (2018) e em Constelação Familiar Original Hellinger®, (2021). Mediadora e conciliadora com projetos nos Fóruns de Santana e em Mogi das Cruzes desde 2017, e Ipiranga desde 2019, com certificação reconhecida pelo TJSP desde 2016. Facilitadora do Projeto MPSP MPSistêmico no Estado de São Paulo desde 2017 e integrante da Câmara de Prevenção e Resolução de Conflitos Internos do MPSP como mediadora voluntária desde 2021. Palestrante com artigo selecionado no I Congresso Internacional de Direito Sistêmico, em junho/2018, realizado em São Paulo/SP.

Quando você deixa de fazer a sua parte, com certeza outra pessoa será sobrecarregada por isso

Esta é uma frase que tenho usado muito para explicar às pessoas sobre autorresponsabilidade e entendo que ela se aplica a tudo e a todos.

De uma simples ação até a complexidade da nossa alma. É o que observo todos os dias.

Então a pergunta é: "Para que culpamos o outro de algo que exige o nosso comprometimento?".

E a resposta poderá vir de muitas formas. Desde a nossa necessidade de estarmos certos de que um culpado deve existir, tendo a sensação de que fomos prejudicados no nosso caminhar, até nos remeter à inocência de ser uma vítima das circunstâncias.

Se pararmos para pensar, essa inocência nos coloca num lugar de vulnerabilidade que nos isenta de responsabilidades.

Somos vítimas do tempo que se torna escasso, da ação do outro que nos imobiliza, da chuva que caiu e nos atrasa, do engarrafamento em que ficamos presos, da atitude do outro que me levou a uma reação extrema. E assim seguimos confortáveis com as melhores e legítimas desculpas que nos dão livre acesso a este momento tão conhecido da vitimização.

Sempre terá um fator externo que me dará respaldo para uma justificativa à minha não ação ou à minha ação, que me isenta de responsabilidade por ser o outro ou algo externo que me moveu, ou seja, é uma reação e não uma ação propriamente dita.

E assim seguimos, legitimando a nossa inocência.

Por certo, aqui abrimos um leque de possibilidades, pois em muitas situações existiu sim algo ou alguém que possa ter realmente causado algum dano na nossa trajetória.

Mas a reflexão que trago é: E se, por algum momento, antes de pensarmos em uma desculpa, tivéssemos a oportunidade de olharmos para nós mesmos para perceber qual é nossa responsabilidade no que está acontecendo, o que nos levou a isso, para que isso está acontecendo comigo neste momento?

Perceba que não pergunto "*por quê*" e sim "*para quê*".

O "*por que*" algo acontece sempre terá uma resposta vitimizada, uma justificativa, uma desculpa.

Se pergunto "*para quê*" pode muito bem ser uma pergunta retórica, não há a necessidade de uma resposta "certa". A resposta pode vir até de uma percepção física.

Existe uma força intrínseca quando mudamos a pergunta e, assim, podemos perceber de forma muito mais consciente qual é o próximo passo.

E aqui chegamos no ponto onde esse espaço atemporal sempre nos impulsiona para a frente.

O "*por quê*" sempre nos levará ao passado, no exato ponto onde perdemos a nossa força, onde esse enfraquecimento nos deixou extremamente vulneráveis e infantis. Nos apegarmos a esse fato que nos congela e mostra o outro ou um fator externo que fez as coisas não darem certo.

O "*para quê*" nos fará olhar de forma consciente ao fato atual, para poder absorver a compreensão do que não deu certo, qual é a nossa contribuição para isso e o que posso fazer daqui para a frente, já que tenho agora consciência do que aconteceu exatamente como aconteceu.

E como superamos isso e seguimos adiante?

Primeiramente com a disposição de largar as desculpas e deixar de atribuir a fatores externos ou pessoas a responsabilidade sobre o fato. Em segundo lugar, nos proporcionando o acolhimento necessário para que possamos seguir de forma consistente.

Para isso precisamos de coragem, de seguir sem medo, confiando na nossa decisão de viver o momento de maneira consciente e grata.

Se não existem coincidências na vida, também não existe o livre arbítrio, ou seja, as coisas são como são, as cenas dos próximos capítulos vão depender diretamente da forma como eu reajo a uma situação adversa e como reajo; portanto, não estamos aqui falando do fato em si, pois este vai acontecer de qualquer modo, estamos falando de como absorvo o ocorrido.

Se estamos dispostos a dizer "sim" à vida, o Universo nos mostra o próximo passo.

Me lembrei de uma situação muito interessante que me aconteceu recentemente: como estava extremamente sobrecarregada de trabalho, decidi passar uns dias em outro lugar, para renovar os ares e revigorar. Aluguei uma casa por 3 dias e já na saída peguei um temporal na estrada que me deu vontade de parar o carro e ficar ali mesmo, no meio do caminho, mas continuei, pois a vontade de chegar era grande!

Chegando no local, contatei alguns amigos que moravam perto. Eles me explicaram como chegar lá, um trajeto extremamente simples, e combinamos um jantar. Era para ser um trajeto de 15 minutos e demorei 2 horas mais ou menos, me perdi no meio de estradas de terra sem iluminação e sem qualquer sinalização. Parei o carro algumas vezes, retornei pelo caminho para revisar o trajeto, perguntei a um morador que ficou assustado por eu ter parado na frente da sua casa... Em algum momento em que o celular pegou, fui áspera com o anfitrião por não ter me explicado direito o caminho e pensei em retornar para a casa em que eu estava para não precisar mais me incomodar. Certa de que a explicação não havia sido correta e que tudo conspirava para eu não chegar mesmo!

Nesse momento, me dei conta de que estava apenas arranjando desculpas; afinal de contas, andava tão mergulhada no trabalho que alguns momentos de lazer não faziam mais parte do meu dia a dia há alguns meses.

Parei o carro, desliguei a luz, fiquei naquele breu todo, respirei, sorri para mim mesma e perguntei: "*Para que*" você está aqui? E a resposta veio rapidamente. Para ver amigos queridos e ter momentos agradáveis com eles. Simples assim!

Com este mesmo sorriso no rosto, liguei o carro e cheguei facilmente ao local. Eles estavam me esperando com o melhor sorriso, o melhor abraço e a melhor conversa sobre todos os assuntos possíveis que não incluíam trabalho, sem contar a massa caseira feita com todo o carinho.

Em outros tempos voltaria para a casa absurdamente contrariada e achando que realmente eles não me explicaram direito o caminho "*porque*" não faziam tanta questão assim da minha companhia. Conseguem perceber a sutileza das coisas? O caminho do "*por quê*" é nosso caminho conhecido, sabemos a resposta e a nossa reação.

Os "*para quês*" nos desafiam a termos coragem de seguir para aquele lugar que não conhecemos, nos afastam do medo, não nos trazem respostas prontas. Eles apenas estão ali à disposição de quem quiser experienciar situações, reações e resultados surpreendentes.

Nestes últimos anos em que me dediquei a estudar os relacionamentos humanos, a cada dia que passa tenho a certeza de que não existem métodos, formatos prontos ou procedimentos que possam fazer algo por quem quer que seja.

Cada ser humano é único, cada história de vida é absolutamente pessoal e personificada. Sendo assim, a solução que cada um vai achar para a sua procrastinação, sua imobilidade, seu compasso de espera é muito própria, até porque cada um tem seu tempo para assimilar a necessidade de uma mudança ou até mesmo vai achar que não deve mudar nada e todos esses caminhos são legítimos.

Cada um caminha com o recurso que tem!

E tudo está certo, como é com todas as suas consequências.

O que me motiva a falar sobre as minhas experiências é poder passar adiante o que tenho experienciado nestes últimos anos da minha vida.

Familienstellen, ou Constelação Familiar, como conhecido aqui no Brasil, trata-se de uma gama de conhecimentos e compreensões trazidos por Bert Hellinger e atualmente aprofundados por sua esposa Sophie Hellinger, que tendo uma base pautada na fenomenologia nos leva a um caminho de compreensão profunda do nosso lugar, nossa força e nossa origem.

Por não se tratar de uma terapia, é reconhecida mundialmente como uma ciência da vida.

Familienstellen foi o termo cunhado por Bert Hellinger para sua descoberta e, embora se utilize o termo Constelação Familiar, como a princípio foi traduzido mundialmente, trata-se de um movimento genuíno. A Constelação Familiar no âmbito da psicoterapia já era um termo usado desde a década de 1920 para descrever comportamentos e questões psicológicas dos membros da família entre si.

Quando experienciamos *Familienstellen*, percebemos o quão pequenos somos diante da vida que recebemos dos nossos pais e o quanto tomamos da força da nossa história em detrimento desta vida que recebemos.

Não se trata aqui de termos padrões ou um formato específico para cada questão, trata-se de percebermos em nosso corpo a informação que o campo ao qual fazemos parte nos mostra, acolhermos com amor a história da nossa ancestralidade e seguir.

Seguimos da forma que conseguimos, uma vez que *Familiens-tellen* não tem soluções para as questões e sim nos traz clareza para perceber, acolher. O que faremos com essa informação é totalmente autônomo e pessoal.

Saber reconhecer a minha responsabilidade dentro da minha história, perceber quando estou retomando aquele caminho conhecido da vitimização e acertar o curso para conseguir perceber as coisas do jeito que realmente são e, principalmente, compreender que tudo o que fazemos é por amor.

Conseguir perceber se estou entrando no "jogo" do outro me faz ter a opção de querer ou não jogar. O caminho até aqui foi de descobertas e percepções diárias, mas certamente foi um caminho surpreendente. A força vital que me acompanha facilita identificar o que é importante para mim neste momento, o próximo passo me dirá como seguir.

Bert Hellinger nos mostrou suas compreensões com este passo além, no qual acessamos as camadas mais profundas da nossa consciência, buscando essa memória eterna que trazemos e representamos da nossa ancestralidade.

Trazemos conosco essas dores e as acessamos das mais diversas formas, seja repetindo padrões na nossa história, seja em sintomas e doenças que representam o que nossa consciência "esqueceu" para nos fazer sobreviver.

Familienstellen nos mostra o movimento que traz força à nossa vida. Trata-se de nos mostrar que temos muitas possibilidades para compreender o que acontece, sem julgamentos.

A importância de compreender que não existe certo ou errado, que temos o nosso lugar que é próprio e legítimo, nos traz a essa força da vida. Quando alcançamos essa compreensão, conseguimos olhar para a vida de outra forma, de uma forma mais consciente, aceitando tudo que aconteceu exatamente da maneira que foi; e temos a possibilidade de seguir, de dar um próximo passo também com amor, mas nos retirando das dinâmicas que são nossas velhas conhecidas.

Familienstellen não é um método que pode ser aplicado esperando um resultado específico. Trata-se de uma gama de compreensões que vamos construindo e percebendo ao longo do tempo; é um conhecimento que adquirimos, totalmente empírico, e necessita da vivência, de ser experienciado e não apenas assimilado mentalmente.

Nosso corpo responde ao contato com o campo de informações de um sistema, seja o nosso próprio ou quando nos colocamos como representantes para a questão de outra pessoa. A fenomenologia faz que nos conectemos com essas informações, e elas são precisas.

Eu, como facilitadora de *Familienstellen*, em geral, não falo num primeiro momento ao representante quem ele está representando e os movimentos que vêm sempre são extremamente precisos, trazendo informações importantes a quem trouxe a questão ao grupo.

Sophie Hellinger costuma dizer que *Familienstellen* tem uma precisão cirúrgica, por isso o facilitador precisa estar muito bem preparado, pois trata-se sempre aqui de um movimento que pode nos levar a extremos.

O que eu percebo ao longo desses anos em que estudo incansavelmente sobre *Familienstellen* é que tratamos de uma compreensão em movimento constante, que exige muita responsabilidade do facilitador e comprometimento do cliente consigo mesmo. Pois falamos aqui da compreensão única de cada um que participa de um seminário de *Familienstellen*. Cada Constelação Familiar é única e como reverbera em cada um também é muito particular. Não há espaço para interpretações e sim para compreensões; e é justamente isso que faz todo o processo tão especial.

A partir do momento em que experienciamos *Familienstellen*, quando voltamos às nossas desculpas, um movimento já foi feito e este lugar já não faz mais tanto sentido. Estando cientes do que nos levou a esse lugarzinho tão confortável, qualquer que seja, é possível que ele já não nos caiba mais e esse movimento é transformador.

Aprendemos a viver o agora, deixando o passado legítimo como foi e abrimos caminho para um futuro que chegará da forma como ele tem que ser. Retirar a expectativa da nossa vida é realmente algo que nos leva à autorresponsabilidade e a uma vida muito mais leve.

Não estou dizendo aqui que viramos seres iluminados e especiais por compreender *Familienstellen*. Também faz parte deste conhecimento entendermos que somos seres humanos sempre vulneráveis e absolutamente comuns.

Assim, quando vier a tentação de achar que meus queridos anfitriões não me explicaram direito o caminho, eu posso sim assumir a minha responsabilidade em ter sido desatenta ao caminho que eles me mostraram e retomar o curso que me leva aonde pretendo chegar rapidamente. Se eventualmente o caminho não tivesse sido explicado corretamente, teria também a sensibilidade e o recurso de perguntar novamente até que ficasse suficientemente claro para que eu chegasse. Com tranquilidade, amor e respeito. Sem desculpas ou sofrimento. Apenas seguindo em direção à vida com o melhor que ela tem a me oferecer.

6

AUTOSSABOTAGEM

Uma leve e rápida visão de como podemos nos tornar mais fortes diante de nossas maiores e melhores desculpas.

MÁRCIA TEJO

Márcia Tejo

Contatos
www.wayback.com.br
marcia@wayback.com.br
LinkedIn: Márcia Tejo

Graduada em Administração de Empresas, Gestão de Recursos Humanos e Gestão de Pessoas pela Universidade São Judas Tadeu e Anhembi Morumbi. Sólida experiência no mercado de prestação de serviços, constituída por meio da vivência de quase 37 anos de carreira em grandes empresas. Sua atuação se destaca com relevância no desenvolvimento de talentos humanos e melhorias organizacionais. Especial destaque em processos de *coach* com ênfase em motivação/autoestima, carreira e relacionamentos. Como *Member Apprentice Worldwide*, tem como objetivo ajudar e apoiar jovens talentos em fase de ascensão profissional em nível mundial. Fundadora e presidente da Way Back – Gestão de Negócios e Relacionamentos, empresa com 30 anos de atuação no segmento de crédito e cobrança nacional e internacional dentro do conceito de BPO (*Business Process Outsourcing*). Sua Missão é ajudar pessoas a desenvolver habilidades até então desconhecidas por elas e expandir o crescimento pessoal e profissional por meio de um olhar leve e positivo.

É incrível como o ser humano deixa tudo para depois, são muitas as pessoas que acabam procrastinando seus sonhos e seus objetivos.

Neste capítulo, procuro relatar e compartilhar fatos reais que aconteceram e acontecem comigo. Espero que essa leitura possa ajudar-lhe a prestar mais atenção nos seus hábitos e consequentemente a vigiar e melhorar sua performance.

Para começar, entenda melhor o que são meta e objetivo:

Podemos definir, com simplicidade, meta como sendo tudo que elaboramos e planejamos com recursos e tempo necessário para torná-la real e factível com a vontade de atingirmos nossos objetivos; já quando falamos de objetivo, defino como aquilo que pretendemos realizar, mas com prazo estabelecido para conseguir essa realização.

O que é procrastinação a meu ver?

Defino procrastinação como aquelas tarefas que sabemos que são importantes e que são condicionadas por nosso cérebro de forma extremamente preguiçosa. Acreditando que temos tempo de sobra para realizar os nossos compromissos depois; e, por esse motivo, vamos enrolando e arrastando os nossos prazos.

Isso não significa que não podemos ter momentos de lazer; pelo contrário, precisamos muito desses momentos. Porém, é necessário termos disciplina para que isso não roube todo o nosso tempo e comprometa nossas tarefas, trazendo um sentimento de frustração e fazendo nos sentirmos inúteis.

Devemos nos esforçar, vale a pena! Para não ser uma pessoa procrastinadora, você terá que entender seus limites e seus maus hábitos. Para isso, é preciso um pouco de esforço e muita força de vontade nos primeiros dias, até que se torne um hábito e tão natural que nem se perceba.

Você não vai conseguir colocar toda a sua vida em dia em uma semana, por isso... Calma! Respire!

Comece a se organizar e aos poucos dê pequenos grandes passos. Você irá se aprimorando e fazendo o que precisa, sem causar traumas, frustrações e sentimentos de ansiedade.

Se conseguir entender os benefícios de se organizar, conseguirá concluir as tarefas que estipular.

Agora, caso não consiga, tente fazer pequenas brincadeiras e testar-se, recompensando-se de alguma forma com pequenos estímulos.

É importante trabalhar na eliminação das distrações para que o foco se mantenha nas atividades estabelecidas, que antes procrastinava, evitando todas as coisas que possam te distrair e mudar o seu foco.

O que distrai a maioria das pessoas é o celular. Para evitar tal distração, procure colocar longe de você ou deixá-lo no modo avião; assim, não verá as notificações e não ficará com vontade de olhar.

Estabeleça e faça divisão de grandes tarefas em pequenos passos. Ao fazer isso, as tarefas se tornam mais palpáveis e mais fáceis de serem cumpridas. Você pode colocar pequenas metas da mesma tarefa para serem cumpridas e fazer um *checklist* delas. Isso feito, após cada meta cumprida, você pode fazer um intervalo e riscar o que já conseguiu fazer; isso vai fazer que você se sinta estimulado e produtivo.

Otimize seu tempo! É importante que você se planeje e saiba quais são todas as atividades que precisam ser feitas. Em dias em que tiver muitas tarefas importantes a serem feitas, evite tarefas que não irão acrescentar nos seus compromissos e objetivos. Priorize aquelas mais importantes e urgentes e direcione seu planejamento diário de acordo com o que você precisa fazer.

Dê adeus às desculpas

É hora de começar!

Se você já sabe quais são suas tarefas, se já as dividiu e visualiza quais são os benefícios de realizá-las, por que ainda não começou?

Evite as desculpas e coloque as mãos na massa.

Algumas dicas de autocuidado devem ser observadas e colocadas em prática. Elenco abaixo o modelo que coloquei em prática:

- Planejar seu dia.
- Fazer exercícios físicos.
- Cuidar do sono.
- Ter momentos de lazer.
- Ter um bom hábito alimentar.
- Respeitar seus limites.
- Controlar suas finanças.
- Demonstrar amor a quem se ama.
- Procurar conviver com pessoas leves.

Como deixar suas manhãs mais produtivas

Criar uma rotina ao acordar, antes de fazer suas atividades diárias, nos ajuda a ficar calmos e preparados para fazer as tarefas do dia; afasta ansiedade, agitação e desânimos, além de nos tirar do piloto automático e fazer pensar em nós mesmos, antes de pensar nas obrigações, entre outras coisas.

Acordar mais cedo do que o necessário

Para que você comece sua manhã com leveza e esteja pronto para começar suas tarefas, é essencial que sua mente esteja descansada, desacelerada e limpa.

Para isso, devemos evitar acordar atrasados para os compromissos, estipulando um horário para acordar, com um tempo já separado para sua rotina matinal.

Organizar seu espaço

Grande parte de nossas atitudes e comportamentos é fortemente influenciada por aspectos inconscientes.

Temos a falsa sensação de que estamos 100% no controle, mas o que os estudos mostram é que diversos fatores externos e internos influenciam de forma inconsciente nossa tomada de decisão.

A procrastinação é resultado de uma desconexão entre aquilo que pretendemos realizar e aquilo que efetivamente realizamos. Um dos elementos que nos leva a procrastinar é a falta de interesse ou motivação para realizar determinada tarefa, principalmente se o prazo para executar tal atividade não é muito preciso ou é longo para deixarmos para depois. Por isso, acabamos sendo influenciados inconscientemente na decisão de ir "empurrando" a tarefa até a véspera.

Procrastinamos porque nosso cérebro tem dificuldade de avaliar as consequências de longo prazo. Nossas metas e objetivos envolvem conquistas que ocorrerão no futuro. Somos mais sensíveis a recompensas e respostas imediatas, mais tangíveis e fáceis de serem percebidas pelo cérebro como algo concreto.

Quando precisamos enxergar benefícios que só ocorrem no futuro, ficamos vulneráveis a perder o foco do objetivo principal por conta de distrações que ofereçem recompensas imediatas, mas que muitas vezes nos afastam da meta desejada.

Por exemplo: queremos emagrecer para ter mais saúde e também para ter um corpo mais bonito. Sabemos o que é preciso fazer em termos de alimentação, mas o benefício de comer mais legumes, frutas e verduras só aparece após alguns meses de esforço e determinação.

Por que algumas pessoas procrastinam mais que outras?

Porque há diferenças importantes no funcionamento de uma região do cérebro chamada amígdala, fundamental no processamento das emoções e curiosamente maior nos indivíduos considerados procrastinadores, segundo algumas pesquisas.

Tanto a amígdala quanto os demais são regiões que estão associadas à nossa capacidade de autocontrole, podem diminuir nossa habilidade de filtrar emoções e estímulos, resultando em uma baixa eficiência na regulação do nosso comportamento. Essas alterações no funcionamento cerebral tornam os procrastinadores mais sensíveis, dificultando a manutenção do foco; especialmente se a atividade não gera um prazer ou recompensa imediata.

É importante ressaltar que nosso cérebro tem uma grande capacidade de se modificar e criar novas conexões, o que chamamos de neuroplasticidade, sendo possível aprender novos comportamentos e hábitos, de maneira que mesmo aqueles indivíduos mais procrastinadores podem desenvolver novas habilidades que favoreçam sua produtividade.

A **procrastinação** é um grande problema, seja para os colaboradores ou para as organizações como um todo, além de impactar negativamente a produtividade com o restante da equipe.

A procrastinação e a administração do tempo têm como seus impactos na perspectiva do comportamento humano a consecução das atividades no âmbito organizacional, bem como a influência da inteligência positiva no âmbito da postergação das atividades e da organização das tarefas, de forma a correlacionar esses aspectos com a produtividade e o desenvolvimento organizacional. Esses conceitos acabam por impactar a administração do tempo e a inteligência positiva.

Pesquisas já realizadas apontam que a procrastinação afeta de maneira substancial a tomada de decisões e também funciona como um indicador de perda de tempo na execução das tarefas. Pode-se concluir que a procrastinação é um elemento bastante nocivo no que concerne à organização das atividades, podendo levar desde a postergação da rotina das tarefas a doenças psicossomáticas.

Entenda a importância do que precisa ser feito

Se você tem uma tarefa, mesmo que tediosa, ela precisa ser feita, ou é seu "futuro" que está em risco, em algum momento você terá que fazer, então porque não acabar logo com o sofrimento desnecessário?

Busque recompensas após o término de suas tarefas diárias

Terminou o que tinha que ser feito?

Pare e vá se divertir, conversar com os amigos ou ver uma série, com a consciência plena de que tudo o que você tinha que fazer já está pronto.

Na área educacional, alguns professores utilizam métodos com os alunos para poder vencer a procrastinação e conseguir mais atenção ao momento, usando algumas estratégias para reduzir esse problema.

"Então deixe de preguiça, lave o rosto e vá terminar o seu trabalho. Por que você ainda está procrastinando?"

Como nos autossabotamos

Há momentos na vida em que reconhecemos que estamos prontos para dar um novo salto, evitando assim efetivar uma mudança profunda. Em tudo o que nos lançamos de novo, nos novos empreendimentos, numa nova relação afetiva, mudança de cidade... aos poucos, nós nos pegamos cometendo os mesmos erros de nossa "vida passada". Bem, brincadeiras à parte, na verdade, é como se tivéssemos dado um grande salto para cairmos no mesmo lugar. Caímos em armadilhas criadas por nós mesmos e acabamos nos autossabotando. Isso ocorre porque, apesar de querermos mudar, nosso inconsciente ainda não nos permitiu mudar!

No entanto, quando surgem as primeiras dificuldades que fazem com que nos sintamos incapazes de lidar com esse novo empreendimento, percebemos em nós a presença dessa parte inconsciente que discordava que nos arriscássemos em mudar de atitude: "Bem que eu já sabia que..."

Cada vez que desconfiamos de nossa capacidade de superar obstáculos, cultivamos um sentimento de covardia interior que bloqueia nossas emoções e nos paralisa.

Muitas vezes, o medo da mudança é maior do que a força para mudar.

Por esse motivo, enquanto nos autoiludirmos com soluções irreais e tivermos resistência em rever nossos erros e aprender com eles, estaremos bloqueados, nos sabotando.

A preguiça e o orgulho serão expressões de autossabotagem, isto é, de nosso medo de mudar, nos autoiludindo quando não lidamos com nosso problema raiz.

A autoilusão é um jogo da mente que busca uma solução imediata para um conflito, ou seja, um modo de se adaptar a uma situação dolorosa, porém que não represente uma mudança ameaçadora. Muitas vezes não queremos pensar naquilo que sentimos, pois, em geral, temos dificuldade em lidar com nossos sentimentos sem julgá-los.

Reconhecer que não estamos sentindo o que deveríamos sentir ou gostaríamos de estar sentindo é um desafio para conosco mesmos. Algumas de nossas autoimagens não querem ser vistas!

É nossa autoimagem que gera sentimentos e pensamentos em nosso íntimo. Podemos nos exercitar para identificá-la, mas este não é um exercício fácil.

Uma coisa é certa: tudo o que ignoramos sobre nossa parte sombria cresce silenciosamente e um dia será tão forte que não haverá como deter sua ação. Portanto, é nossa autoimagem que dita nosso destino.

A autoimagem não é permanente. De fato, o sentimento em si existe; no entanto, o seu poder de sustentação será totalmente perdido assim que você perder o interesse por alimentar a autoimagem. É a partir desse momento que percebemos que podemos ter uma experiência inteiramente diferente da que julgamos possível naquele estado anterior de dor.

Algumas formas comuns de autossabotagem

Temos muitas qualidades dentro de nós. Se analisarmos essas qualidades, podemos entender que somos mais do que nossas preocupações, ansiedades e monstros criados nas nossas cabeças por nós mesmos. Por exemplo: todos nós temos um talento inerente que deve ser celebrado e usado com mais frequência.

Pode ser a habilidade em consertar coisas, fazer cálculos, cozinhar, escrever, entre outras tantas. Ter plena consciência das nossas qualidades e talentos nos ajuda a reverter esse conceito.

Perguntar a si quais pensamentos, falas ou atitudes você deve abandonar para aquietar a mente e o coração ajuda a diminuir a força desse inimigo da sua felicidade. Aprenda a ouvir seus próprios propósitos e sentimentos.

É importante valorizar nossos valores pessoais e nossas crenças, pois eles é que determinam o que de fato queremos da vida. Ao contrário disso, quando confundimos os valores pessoais com os dos nossos pais, colegas ou até mesmo sociedade, é exatamente onde nos autossabotamos.

Acredite no seu valor e nas suas qualidades, na pessoa incrível que você é e não aceite menos do que isso.

Assim, é possível parar de se sabotar

Pense nisso!

7

O *AUTOCOACHING* COMO FERRAMENTA PARA ELIMINAR DESCULPAS E COMEÇAR A TER RESULTADOS

Neste capítulo, você é convidado a entender os motivos pelos quais está sabotando suas possibilidades de atingir os resultados que tanto deseja. Entenderá o padrão relacionado ao hábito de dar desculpas e, principalmente, conhecerá a ferramenta para eliminar desculpas e começar a ter resultados.

MARCIANI BADZIAK

Marciani Badziak

Contatos
marcianikb@gmail.com
Instagram: marcianibadziak_mastercoach
Facebook: marcianibadziak_mastercoach
LinkedIn: Marciani Badziak Master Coach
48 99926 9498

Master coach pela Sociedade Brasileira de Coaching. Formações em: *Personal & Professional Coaching, Executive e Business Coaching, Career Coaching, Mentoring Coaching, Leader Coach, Positive Psichology Coaching* e Acelerador da Felicidade. *Practitioner* em Programação Neurolinguística pelo Instituto Brasileiro de Coaching. *Coach* educacional e vocacional. Analista de perfil comportamental e analista líder alpha. Aplicadora do Programa da Escola da Inteligência do Dr. Augusto Cury. Mentora, professora, palestrante e treinadora comportamental – *head trainer*. Graduada em Administração de Empresas, especialista em Gestão Estratégica de Pessoas e em Gestão Estratégica de Finanças. Vinte anos de experiência em educação.

O preço que se paga

Quem quer faz, quem não quer encontra desculpas. Este jargão popular, bastante comum e tão reforçado nos dias de hoje, é sem dúvidas, para a grande massa, no primeiro momento a melhor alternativa para se esquivar de qualquer situação comprometedora, em que suas competências ou capacidades são questionadas.

Há a ilusão de que é mais fácil adiar do que enfrentar uma situação que nos causa desconforto, que nos exija empenhar energia para a realização. Porém, o fato de não fazer, de deixar para depois, nos traz consequências negativas.

É impressionante observar a energia consumida quando alguém busca desculpas para justificar um erro ou uma falta de ação. As pessoas consomem mais energia naquilo que deixaram de fazer e em encontrar desculpas por não ter feito do que se tivessem feito o que precisa ser feito.

Dar desculpas faz que percamos o controle da situação e tenhamos que lidar com as consequências de nossa falta de autorresponsabilidade, posicionamento e foco.

Competências como foco em solução, iniciativa e acabativa são extremamente valiosas no mercado de trabalho. Não existe mais espaço para pessoas que têm uma desculpa ou um problema para cada situação. Essas pessoas perdem grandes oportunidades pelo simples fato de não assumirem a responsabilidade por suas ações.

A procrastinação nos mantém presos na nossa zona de conforto, ou até na nossa zona do medo. Isso ameaça nossa autoconfiança, além do senso de autoeficácia e credibilidade que são questionados. É um comportamento mesquinho para esconder a realidade.

Ignorar aquilo que gera desconforto não fará que nos sintamos confortáveis. Apenas vai gerar uma pendência. Fugir trará somente a falsa sensação de não ter responsabilidade sobre determinada situação e a falsa sensação de que está tudo bem.

Por trás das desculpas, há mais do que a falta de verdade. É o medo de encarar realidades que precisamos enfrentar para nossa própria dignidade, felicidade e bem-estar. É assumir a responsabilidade para usar nosso pleno potencial.

Esse padrão tem em sua raiz algumas causas conhecidas, como autoengano, baixa autoestima, irresponsabilidade em relação à própria vida, insegurança, imaturidade, medo, hábito, falta de responsabilidade e ego frágil.

Partindo do princípio de que toda ação gera uma reação ou uma consequência, devemos entender que as consequências desse padrão são: perda de credibilidade, infelicidade, crescimento limitado e redução do senso de autoeficácia.

Desculpas são diferentes de justificativas

É de extrema importância sabermos diferenciar desculpas de justificativas, uma vez que interferem diretamente em nossos resultados.

Dar uma desculpa significa de certa forma um arrependimento perante alguma atitude errada. Dependendo da situação ou do contexto, pode ser entendida até como um pretexto para se esquivar de algo ou de alguém. A desculpa é a incapacidade de se convencer a fazer o que deveria ou gostaria de fazer.

No dicionário, encontramos a seguinte definição para desculpa: razão usada como pretexto para se esquivar de algo ou de alguém. Exemplo: saí sem dar justificativa.

Já a justificativa está ligada a algum motivo, razão, causa, argumento ou algo usado para comprovar ou provar a veracidade de um fato, de uma ação praticada: foi demitido por não apresentar uma justificativa para suas faltas.

O que se passa na cabeça de quem dá desculpas?

Desde os primórdios do tempo das cavernas, o homem lutava para garantir sua sobrevivência, uma vez que o meio externo era extremamente ameaçador, ele e sua família se mantinham nas cavernas para ali permanecerem em segurança. Quando necessário, saía em busca de caça para alimentar a si e à família. A mulher permanecia na caverna, cuidando e protegendo os filhos. O momento da busca pela caça deixava todos os seus sentidos em alerta, dispendendo de uma energia imensa. Assim que o homem garantia a caça, ele retornava imediatamente para a caverna, seu ambiente de segurança, sua zona de conforto.

Esse movimento de avançar e retornar foi feito pelo homem das cavernas por muito tempo. Por mais que tenhamos evoluído com o passar de milhares de anos, nossa programação mental se manteve primitiva. Qualquer momento ou situação que nos exija um empenho de energia extra é como se em nosso cérebro se ativasse um sinal de alerta, nos forçando a voltar para nossa zona de conforto, nosso ambiente seguro, como se consumir esta energia extra fosse comprometer nossa sobrevivência.

Sempre que nos determinamos a realizar algo, um novo desafio, um novo objetivo, somos colocados à prova. Nosso padrão mental primitivo, inconscientemente, tende a nos projetar a uma zona de risco, sinalizando o consumo de energia extra para o movimento como um risco à nossa sobrevivência. Esse padrão mental primitivo, de forma inconsciente, nos projeta para desculpas, justificativas e procrastinação. Como tudo isso acontece em nosso subconsciente, ficamos reféns desse movimento. O lado bom é que podemos mudar essa realidade. Podemos trazer para a consciência nossa intenção positiva e reprogramar tal padrão.

Crenças relacionadas

Promessas feitas para o ano novo... Todo final de ano o ciclo se repete. Por que não as cumprimos?

Quando questionamos por que chegamos às justificativas ou às desculpas, buscamos nelas aliviar o sentimento de culpa por não ter cumprido e diminuir a autocobrança e a cobrança externa.

Devemos treinar o cérebro a ter novas atitudes e respostas para um comportamento padrão novo. O treino é possível, e a repetição levará ao novo hábito. E, tão logo o novo hábito vire padrão, reduzirá a necessidade de pensar; e o consumo de energia também será reduzido.

Nosso resultado se dá pelos hábitos que desenvolvemos ao longo da nossa vida. Nossos hábitos são comportamentos que temos repetidamente, sendo estes impulsionados pelos nossos sentimentos sobre a situação em questão. Se olharmos o que motiva o sentimento, chegamos aos nossos pensamentos que são apenas resultado de nossas crenças. Sendo assim, nossas crenças determinam nosso padrão de pensamento, que, por sua vez, geram sentimentos, comportamentos, hábitos e resultados. Um padrão que se repete em todas as nuances da nossa vida.

Esse padrão acontece de forma automática, e entender como tal processo acontece é fundamental para que possamos tomar consciência e assumir o controle sobre nossos resultados.

As justificativas, as desculpas e a procrastinação são como um vício, um círculo vicioso. Estabelecemos um padrão vicioso de dar desculpas, justificativas, de procrastinar, pois está instaurado em nossas crenças.

Você já se deparou com alguma situação em sua vida em que se sentia preso, sem resultados e sem saber como mudar essa realidade? Por vezes, você se propôs a fazer uma nova dieta, começar atividades físicas, retomar a rotina de estudos, desenvolver o hábito da leitura e quando se dava conta já estava dando desculpas ou justificativas para se sentir menos culpado por não estar fazendo o que se propôs? Esta é a realidade de milhares de pessoas no mundo todo.

A intenção positiva por trás da procrastinação

Nossa mente nos engana constantemente. Por mais que a situação seja adversa, ou o resultado trágico, a intensão que nos motiva a agir é positiva. Vejamos o caso tão famoso da Suzane Richthofen, que foi presa, acusada do assassinato dos próprios pais. Por mais trágico e cruel que tenha sido o resultado, ela e o namorado agiram buscando atender a uma intenção positiva. Seja por dinheiro, autonomia ou liberdade, a intensão positiva motivou a uma ação extremamente cruel.

Muitos anos depois, no momento de sua libertação da prisão, no dia das mães, Suzane fala com pesar sobre não ter mais a mãe. É inacreditável olhar a situação por este ponto de vista, uma vez que não ter mais a mãe viva é apenas consequência da própria ação.

Trouxe a vocês um exemplo extremo para facilitar o entendimento da intensidade da nossa intenção positiva; e, até que aprendamos a identificá-la, ela se manifestará de forma inconsciente, nos impedindo de agir de modo consciente em situações do dia a dia.

Quando damos desculpas, justificativas ou consequentemente procrastinamos, estamos motivamos a atender uma intenção positiva.

Olhando por um prisma positivo, sabemos que podemos exercitar a identificação da intenção positiva, tomar consciência e a partir daí gerenciar nossas ações para que obtenhamos os resultados desejados.

Para identificar a intensão positiva, é importante se perguntar: "O que eu ganho com isso?".

Mas não é tão simples assim, pois estamos condicionados a um padrão, então a resposta que primeiro nos vem é NÃO SEI! Essa resposta nada mais é do que fuga, uma necessidade de se manter em "segurança". A persistência aliada à anulação do senso de autojulgamento vai facilitar a identificação da intenção positiva.

Vejamos, quando nos propomos a fazer uma dieta, identificar a intenção positiva vai facilitar saber o que vai nos sabotar neste objetivo e buscar proporcionar de outra forma os ganhos que a intensão positiva nos traz. Um exemplo de questionamento a ser feito seria: "O que ganho comendo? É prazer? Tranquilidade? Bem-estar?". Assim que conseguimos identificar o ganho, ou seja, a intenção positiva, podemos atender a essa necessidade de outra forma que isso nos impeça de atingir o objetivo inicialmente proposto.

Quando identificamos que comemos para ter prazer, por exemplo, podemos alinhar outra maneira de atender a essa necessidade. Seja realizando atividade física, passeando, estando com a família ou qualquer outra situação que possa nos proporcionar prazer. Assim, todas as intenções positivas serão atendidas e os objetivos alcançados, sem a necessidade de dar desculpas ou justificativas.

O *autocoaching* como ferramenta para eliminar desculpas e começar a ter resultados

O que fazer para parar de dar justificativas e desculpas, para parar de procrastinar e começar a ter resultados?

A resposta para essas perguntas está na aplicação de ferramentas de *autocoaching* que ajudarão você a tomar consciência dos seus padrões, ressignificar crenças limitantes e avançar em direção a uma vida de realizações e resultados extraordinários.

Antes de adentrarmos nesta questão, é importante entendermos um pouco mais sobre a metodologia de *coaching*. Essa metodologia que se apropria de diversas áreas do conhecimento, como administração, gestão de pessoas, psicologia, programação neurolinguística, neurociência, planejamento estratégico, entre outras. Isso proporciona clareza, ampliação de visão, capacidade de estabelecer um plano de ação que se sustente aos seus valores e propósito de vida. Trata-se de um processo que produz mudanças duradouras, positivas em curto espaço de tempo, de forma efetiva e acelerada. Essa metodologia é aplicada por um profissional sério e habilitado para conduzir o processo de desenvolvimento e transformação, seja no âmbito pessoal, profissional, social, familiar, espiritual ou financeiro. Uma das formas de utilização desta metodologia, após o encerramento de um processo de *coaching* ou autônoma, é o *autocoaching*.

Além da identificação e da substituição para compensação da intenção positiva, o *coaching* nos proporciona diversas outras ferramentas para se libertar dos padrões viciosos de dar desculpas, justificativas e procrastinar.

Autocoaching

O *autocoaching* consiste na autoaplicação da metodologia do *coaching*, ou seja, a autorreflexão sobre comportamentos e resultados, com foco e objetivo. O foco no autodesenvolvimento constante faz que o indivíduo se coloque em um ciclo de melhoria contínua, possibilitando atingir os resultados desejados em curto espaço de tempo.

As perguntas são as respostas

A pergunta é a ferramenta mais poderosa do *coaching*. Elas são as respostas. Perguntas devem estimular a ação, gerar opções, criar comprometimento e propiciar autoconhecimento. Perguntas estão para o *coaching* como a bola para uma partida de futebol, ambos são elementos fundamentais que fazem o jogo acontecer.

Questões do tipo "como?"

- Como você pode mudar essa situação?
- Como você pode agir diferente de como sempre costuma agir?
- Como você pode melhorar essa ação para alcançar melhores resultados?
- Como avalia as consequências de cada ação em sua vida?

Questões do tipo "quê?"

- O que isso representa para você?
- O que você planejará para ser diferente em outro momento?
- O que te motiva?
- O que eu ganho com isto?

Perguntas para identificação de "valores"

- Você abriria mão disso por toda a sua vida?
- Que benefícios você tem com isso?
- O que você pode fazer para que seu objetivo seja alcançado?

Perguntas para verificação de "responsabilidade" pelos "resultados"

- Quem é responsável pelo seu sucesso? E pelo seu fracasso?
- Qual é seu nível de comprometimento para fazer que seu objetivo seja alcançado?
- Quais ações você poderia ter agora, para acelerar essa conquista?

Perguntas para avaliação do "comprometimento"

- Até onde você abriria mão do seu estado atual para alcançar o seu objetivo?
- Qual é seu grau de comprometimento para atingir seu objetivo?

Questões do tipo "qual?"

- Qual seria uma nova forma de fazer isso acontecer?
- Qual é o resultado positivo ou negativo dessa decisão?
- Qual é o aprendizado desta situação?
- Quais mentiras você conta para si mesmo que o impedem de ter resultados?

Questões do tipo "quando?"

- Quando você irá iniciar/finalizar?
- Quando você pode fazer?
- Quando você quer atingir resultados positivos em sua vida?

Questões do tipo "onde?"

- Aonde você quer chegar com isso?
- Onde vai ser?
- Onde você acredita ter falhado?

Questões do tipo "por quê?"

- Por que isso acontece?
- Por que você acredita ser difícil?
- Por que você está agindo dessa forma?
- Por que isso é importante para você?

Questões para levantamento de necessidades (resultados esperados)

- Qual é seu maior desafio?
- Qual é sua meta?
- Quais recursos você já tem?
- O que te motiva a viver?

Questões de "congruência" (questões sistêmicas que não afetam alguém ao seu lado)

- Que outras pessoas serão afetadas pelo seu objetivo?
- Suas ações estão influenciando positivamente o meio em que você vive?
- A realização de seu objetivo afetará alguém?

Questões para gerar "responsabilidade" (depende de quem)

- Como você pode assumir o controle da situação?
- O que está te segurando?
- O que você pode fazer para começar a agir?
- O que o impediu até o momento?

Questões para levantamento de recursos

- Que qualidades você acredita que tem e que vão facilitar o alcance de seus objetivos?
- Que habilidades você tem que o aproximam do resultado desejado?
- O que pode inspirá-lo?

Questões para mudança de "estado emocional"

- Imagine-se agora alcançando seu objetivo. Como está se sentindo?
- Quão bem você ficará alcançando o objetivo esperado?
- Como você vai se sentir quando estiver com seu sonho realizado?

Questões para estimular a ação

- Qual é o primeiro passo para alcançar o próximo objetivo?
- Qual é seu plano para atingir seu objetivo?
- Qual será a primeira ação que fará hoje para atingir esse objetivo?

Questões para "gerar opções" (opções mais inteligentes para obter resultados)

- O que você acha que fez até hoje que não lhe permitiu alcançar sua meta?
- O que mais você poderia fazer?
- Como podemos virar o jogo?

Questões para "desafiar crenças limitantes"

- O que você está tomando como verdade que pode não ser?
- O que seu melhor amigo de infância sugeriria que você fizesse?
- O que pode ser mudado, se necessário?
- O que você pode aprender com esse problema?

Questões para "encontrar limitações"

- Quais são seus verdadeiros obstáculos?
- Qual é seu maior medo?
- Quais foram as dificuldades encontradas?
- O que faz você desperdiçar seu tempo?

A utilização das perguntas poderosas apresentadas acima é uma forma muito eficiente de realizar o *autocoaching*. Com isso, elimine desculpas, justificativas e procrastinação, avançando para atingir objetivos que o aproximarão de sua melhor versão.

A postura diante das adversidades pode continuar sendo de buscar desculpas ou justificativas, mas de fato a escolha mais acertada é encontrar a intenção positiva que existe por trás e criar um novo hábito. Permanecer dando desculpas é assumir a sua incapacidade de assumir a responsabilidade por seu fracasso.

Aristóteles já disse: "Nós nos tornamos aquilo que fazemos repetidamente. Excelência não é um ato, é um hábito".

8

A (DES)CULPA DO TEMPO

Quem nunca usou o TEMPO como desculpa fundamental para justificar um trabalho não realizado ou uma missão não cumprida? Vamos trabalhar neste capítulo para identificar e saber evitar as mais variadas armadilhas às quais nos submetemos para justificar nossas dificuldades em cumprir acordos e promessas, seja com outras pessoas ou conosco. A desculpa ou a culpa é sempre dele, ou pela falta dele: O TEMPO

MARCOS BASTOS

Marcos Bastos

Contatos
marcos.bastos1963@gmail.com
11 99118 6811

Engenheiro elétrico formado pela Faculdade de Engenharia Industrial (FEI), MBA em Gestão de Negócios pela Fundação Getulio Vargas São Paulo (FGV). Vivência de mais de 30 anos como executivo de negócios nos segmentos de tecnologia e telecomunicações para empresas multinacionais. Marido de Andrea Betiol, pai de Matheus e Thiago Bastos; filho de José Bastos e Benedita Bastos. Gratidão eterna pelo apoio e contribuição da família em todos os momentos da minha vida e por emprestar o seu precioso tempo para que minha vida seja mais feliz e harmoniosa.

Só existem dois dias no ano em que nada pode ser feito. Um se chama ontem e o outro se chama amanhã, portanto hoje é o dia certo para amar, acreditar, fazer e, principalmente, viver.
DALAI LAMA

Sobre o tempo

Quem nunca se viu dando desculpas culpando a ele: O TEMPO.

O aluno não acabou de estudar toda a matéria por falta de tempo, por isso "quase" passou no vestibular. O pai deixou de brincar com o filho porque não teve tempo, quando percebeu seu filho tinha crescido. O professor não corrigiu as provas por falta de tempo, deixando seus alunos frustrados e ansiosos por informação.

Como podemos notar, toda desculpa para informar a não realização de uma tarefa muda e compromete a vida das pessoas, causando desconforto e frustração.

Pior ainda é quando essa atitude passa a fazer parte da verdade das pessoas – são as conhecidas desculpas verdadeiras.

As pessoas se utilizam das desculpas verdadeiras para ocultar dos outros o principal motivo pelo não cumprimento de uma meta e, no pior caso, esconder delas mesmas o motivo desse insucesso.

Um exemplo de desculpa verdadeira é chegar atrasado numa reunião de negócios numa grande cidade e alegar que ficou mais tempo no trânsito do que estava programado. Eu sempre examino a situação do trânsito, por meio de aplicativos de trânsito, antes de sair para uma reunião externa para não cometer esse pecado, em respeito ao TEMPO que alguém disponibilizou na sua agenda para me receber. Tem lugar comum mais previsível do que esta desculpa?

Mas como podemos nos livrar desse intrigante e polêmico problema? O de dar nossas desculpas principalmente ligadas ao tempo?

Fazer diferente

> *O tempo é o único bem totalmente irrecuperável.*
> *Recupera-se uma posição, um exército e até o país,*
> *mas o tempo perdido jamais.*
> NAPOLEÃO BONAPARTE

Examinemos algumas profissões que não aceitam as famigeradas desculpas que usam o tempo como principal vilão. Imagine o médico informando à família do paciente que estava aos seus cuidados que ele morreu porque ele, o médico, não teve tempo de checar seus exames com mais cuidado e atenção. Ou o engenheiro civil justificando que a ponte projetada por ele caiu por não ter tido tempo de fazer todos os cálculos estruturais necessários para mantê-la de pé.

O que fazem esses profissionais diferentes de nós?

São mais comprometidos? São mais inteligentes? Trabalham 24 horas por dia e nunca descansam? Não têm vida pessoal ou são super-homens ou supermulheres? São mais responsáveis?

Nada disso. Na verdade, são pessoas que por trabalhar em atividades críticas se utilizam de critérios e de métodos eficazes para evitar ao máximo correr riscos na execução dos seus serviços, com muita seriedade e responsabilidade, pois sabem que se algo der errado, na execução da sua atividade, pode gerar para outros muito estresse e muita dor.

Esses profissionais aqui citados aprenderam a dar a devida importância a assuntos que podem gerar estresse, decepção e frustração nas outras pessoas por deficiência ou falha na entrega do seu trabalho. Além disso, sempre que conseguimos cumprir nossas atividades com êxito ficamos com uma gratificante sensação de bem-estar, de dever cumprido e de fazer uma diferença positiva na vida das pessoas.

Fugir das armadilhas

O que devemos fazer, então, para não cair na armadilha das desculpas para o fato de não termos cumprido com nossos acordos e compromissos?

Cada indivíduo, no desenvolvimento das atribuições sob sua responsabilidade, pode desenvolver seu trabalho de forma exemplar e ordenada, da mesma forma que profissionais que trabalham com processos críticos.

Para isso, podemos contar com recursos que não só nos ajudarão a conter nossas infundadas justificativas, mas também vão nos tornar mais eficazes e mais felizes. Com disciplina e planejamento podemos aprender a controlar melhor nosso tempo. O maior beneficiário disso seremos nós mesmos: se trabalharmos de forma mais eficaz o cumprimento das nossas atividades, teremos mais tempo para nos dedicar aos assuntos importantes para nós, para estar com aqueles que amamos ou ainda para fazer outras atividades que nos dão prazer.

Aí está ele novamente: o TEMPO. Mas agora trabalhando como nosso aliado. Mas como faremos isso?

O primeiro passo é mudar nosso modelo mental. Mas afinal, como se muda um modelo mental? Da mesma forma que aprendemos a falar, andar, patinar, nadar, podemos aprender a ser mais produtivos, ter mais tempo para fazer as tarefas e saber priorizar nossas atividades. É com a prática repetida que preparamos nosso cérebro para os novos aprendizados. E assim começamos a mudar nosso modelo mental.

Para se mudar um modelo mental é necessário desatar as amarras e algumas crenças e valores com os quais estamos acostumados a conviver, dando abertura a uma nova visão que nos faça entender novas oportunidades para enxergar as coisas por outro ângulo.

Mas como trabalhar um novo modelo mental sem uma reflexão sobre nós mesmos? Costumo revisitar um exercício do autoconhecimento de tempos em tempos, que veremos logo a seguir, para avaliar como estou indo e poder retomar o caminho que programei caso tenha me desviado de meu objetivo de vida. Até porque com a maturidade as nossas perspectivas de vida podem mudar e é sempre bom fazer ajustes, caso seja necessário. A vida está em constante mudança e é importante buscar um equilíbrio das nossas energias para seguirmos em nossa contínua evolução pessoal.

Proponho que você faça um trabalho de autoconhecimento para saber em que degrau está na vida para tentar melhorar a sua situação e suas perspectivas.

O autoconhecimento

> *Quem olha para fora, sonha. Quem olha*
> *para dentro, acorda.*
> CARL JUNG

Vamos agora trabalhar no processo do autoconhecimento, descobrir quais são nossos anseios, nossas missões na vida, entender como nos relacionamos com os outros, que papel desenvolvemos neste mundo e refletir sobre qual papel queremos assumir em nossa vida, o de protagonista ou coadjuvante? Que marca pessoal queremos deixar neste mundo e como queremos ser vistos pelos outros?

Convido você para o exercício do autoconhecimento:

Qual é o seu objetivo de vida?

Qual é sua definição de sucesso?

Como você enxerga a si mesmo?

Como você gostaria que os outros o vissem?

Qual foi o melhor e o pior período da sua vida?

Quais são suas qualidades mais preciosas?

Quais são seus maiores defeitos?

Quais são as situações de vida que lhe causam mais medo?

Como você lida com conflitos pessoais?

Quais são as características que você não admira nos outros?

Quais são os seus objetivos a longo e curto prazo?

O que você mais gosta e menos gosta no seu trabalho?

Se você pudesse mudar algo na sua vida, o que seria?

Acredito que não tenha sido uma tarefa nada fácil, certo? Mas veremos que isso nos ajudará muito na visão de como estamos diante dos nossos desafios, tendo em vista que a vida é dinâmica e estamos sujeitos a constantes mudanças.

Se você fizer este exercício outras vezes, perceberá que os resultados poderão ser diferentes, ainda mais considerando que estamos engajados num mundo globalizado, no qual as informações nos chegam a todo momento e nos afetam de forma direta.

Agora, com esta reflexão, podemos entender em que estágio de vida estamos com relação às nossas expectativas. O que precisamos mudar e que ajustes devemos fazer para estarmos no comando das nossas vidas.

Podemos identificar a partir daqui nossos pontos positivos e nos ajudar a compreender melhor nossos limites. Assim, poderemos pedir a ajuda que necessitamos para que a nossa vida continue evoluindo e possamos ajudar outras pessoas de forma mais efetiva, atendendo a suas necessidades e expectativas.

Mapear as atividades

Uma vez tendo trabalhado no autoconhecimento, vamos criar uma metodologia para sermos mais efetivos e sabermos usar nosso tempo da melhor forma possível.

Existem vários métodos para mapear nossas atividades do dia a dia. Gosto em especial do método desenvolvido por Christian Barbosa.

Segundo o autor do livro *A tríade do tempo*, as atividades podem ser classificadas como:

- **Importante:** tarefa que deve ser feita no tempo correto, aquelas que trazem resultados mais efetivos.
- **Urgente:** tarefa que deve ser feita imediatamente, pois pode gerar algum tipo de problema para você e para outras pessoas se não for executada.
- **Circunstancial:** tarefa que aparece em função de uma situação, condição, ambiente ou de outra pessoa. Pode deixar de ser executada, porém pode se tornar importante ou urgente, dependendo do contexto no qual for classificada.

Sugere Christian Barbosa que cada indivíduo possui um mapa das suas atividades específico para si. Esse mapa pode mudar todos os dias, dependendo das atribuições e das metas que nos são incumbidas. Ele recomenda que a cada dia o indivíduo refaça seu mapa de atividades para poder especificar o que é importante, urgente e circunstancial.

Vale uma observação sobre as tarefas circunstanciais, porque mesmo não fazendo parte das nossas atividades programadas, podem se transformar em uma tarefa urgente ou importante e ter que ser executadas a frente de outras atividades programadas.

Sabendo mapear as atividades sob nossa responsabilidade, já poderemos partir para a execução das nossas tarefas de forma mais assertiva e cumprir nossos compromissos de forma eficaz, seja relacionados a nossa vida pessoal ou profissional.

Até aqui aprendemos a mapear nossas atividades com base em sua criticidade, conforme sua necessidade. Sugiro fazermos um exercício com um planejamento diário, semanal e mensal para termos uma visão geral dos nossos compromissos ao longo do tempo. Além disso, crie critérios a fim de medir suas entregas para poder se posicionar caso as coisas não andem conforme o previsto. Dê a chance para si mesmo de tentar renegociar prazos caso necessite fazer alguns ajustes no processo para que consiga entregar suas tarefas no tempo e na qualidade acordada.

Eu sempre começo a semana mapeando minhas atividades e faço um balanço daquelas que não puderam ser cumpridas na semana anterior. Assim, eu as coloco novamente na minha lista de atividades, classificando-as de acordo com sua criticidade. Além disso, sempre avalio o impacto das minhas atividades na vida das pessoas e preocupo-me com minha credibilidade. Pratico a empatia e preocupo-me com o outro, com minha imagem e minha marca pessoal, ou seja, da forma como quero ser reconhecido pelas outras pessoas.

Muito bem. Já refletimos sobre o tempo. Elaboramos um esboço de planejamento para execução das nossas atividades e refletimos sobre nossas características pessoais e como interagimos naturalmente com outras pessoas.

Mas por que devemos nos preocupar com o outro? Como isso nos afeta?

Respeito

> *Aprendi a não tentar convencer ninguém. O trabalho de convencer é uma falta de respeito, é uma tentativa de colonização do outro.*
> JOSÉ SARAMAGO

Segundo a etimologia, "respeito" vem da palavra do latim *respectus*, que significa "olhar outra vez". Neste conceito, tudo o que deve ser visto por uma segunda vez é digno de respeito. Mas por que ter essa consciência é importante?

Na minha vida procuro sempre entender o propósito dos outros e o que os motiva. Com a reflexão do exercício do autoconhecimento somos agora capazes de entender melhor o contexto no qual estamos inseridos nesta vida e ter uma ideia de como devemos agir se queremos continuar evoluindo neste mundo, respeitando nossos limites e respeitando o outro, em um processo de ajuda mútua.

Certa vez fui responsável pelo desenvolvimento de um importante projeto de TI numa grande empresa multinacional de telecomunicações com atuação no Brasil. Nada do que apresentamos ao responsável técnico do projeto atendia a suas necessidades. O projeto foi modificado várias vezes: trocamos interlocutores, ferramentas, mas nada, absolutamente nada atendia a sua necessidade. Foi nesse exato momento que consegui identificar que aquilo que o cliente queria não era o que ele tinha informado como necessidade, mas sim o que ele não nos contou, sua expectativa com relação ao serviço solicitado. Fizemos alguns ajustes na linguagem e no modo de apresentação do projeto, ressaltando alguns valores que antes não tínhamos enfatizado, respeitando a vontade do cliente; e conseguimos, enfim, entregar uma solução campeã, capaz de fazer a diferença para a empresa e para nosso interlocutor. Uma simples mudança de olhar nos levou do desespero, por não estar conseguindo atender a suas expectativas, para o êxito total. E isso só foi possível quando aplicamos as técnicas adequadas com o exercício do autoconhecimento, com a capacidade de prática da empatia, compreendendo o estado emocional do outro e com planejamento.

No exemplo acima ficou claro como foi importante o respeito à necessidade do cliente, com a compreensão exata do que nos foi solicitado. Ao compreender melhor as expectativas sob o ponto de vista dos outros, abrimos um caminho de comunicação e criamos uma relação de confiança pelo respeito.

É importante saber reconhecer que muitas vezes não seremos capazes de executar certas atividades sem ajuda. O que devemos fazer, enfim, em tal situação? Ter humildade para reconhecer que eventualmente precisamos de ajuda é essencial para que sejamos mais assertivos nas nossas entregas.

Proponho entender claramente se estamos capacitados para a execução da tarefa, se todo o recurso necessário para executar o que foi solicitado está disponível e em nossas mãos e pronto para uso. Caso necessite, peça ajuda, recorra a outras pessoas, renegocie o cronograma. Seja sincero. Haja com responsabilidade.

Conclusão

Tivemos até aqui a oportunidade de compreender a importância de gerenciar nosso tempo de forma adequada, em prol do bem dos outros e principalmente de nós mesmos. Levando-se em consideração todos os "ladrões do tempo" aos quais estamos expostos e com os quais convivemos diariamente, como redes sociais, sites de notícias, notificações de celular, reuniões e conversas improdutivas, além de problema com falta de foco e falta de direcionamento correto do nosso tempo, não podemos correr o risco de não sermos nós os verdadeiros donos do nosso destino.

Com um planejamento adequado e conscientização da importância quanto ao cumprimento das nossas atribuições, sejam elas no âmbito profissional ou pessoal, aliados à concentração e ao foco no trabalho a ser executado, conseguiremos ter domínio sobre nossas vidas e nosso tempo.

Como consequência disso, descobriremos que é possível utilizar nosso tempo para executar nossas obrigações de forma assertiva e responsável, mas também, e principalmente, termos tempo para nos divertir, compartilhá-lo com quem amamos e para fazer coisas que nos dão prazer e satisfação. Não esquecendo de dedicar um tempo para aprimorar o conhecimento.

Sejamos os verdadeiros protagonistas das nossas vidas e aproveitemos muito bem o que ela nos dá gratuitamente: o tempo.

Referências

BARBOSA, C. *A tríade do tempo*. Rio de Janeiro: Sextante, 2011.

HURSON, T. *Pense melhor – um guia pioneiro sobre o pensamento produtivo*. Porto Alegre: VDS Editora, 2008.

PETERSEN, K.; GRENNY, J.; MCMILLAN, R.; SWITZLER, A. L. *Conversas cruciais – habilidades para conversas de altos interesses*. 2. ed. São Paulo: Vital Smarts, 2017.

9

DESCULPA S/A, UM MAL GERACIONAL?

A "desculpa" é um mal geracional? Não sei, mas certamente está entranhada em nossa cultura. Este capítulo têm a intenção de provocar o leitor a se analisar e entender o quanto a desculpa é prejudicial em nosso dia a dia e como ela rouba o nosso tempo útil.

OBERDAN SIQUEIRA

Oberdan Siqueira

Contatos
os@osen.com.br
Instagram: @oberdansiqueira
19 99122 8252

Sou Oberdan Siqueira, mas pode me chamar de Ober. Sou administrador de empresas, tenho pós-graduação em Gestão Estratégica de negócios, especialização em Recursos Humanos e em *Coaching* (executivo, negócios e vendas). Sou apaixonado por gestão e empreendedorismo. Nas últimas duas décadas, atuei em diversos mercados, criando uma visão multidisciplinar que colaborou muito para minha formação como gestor nesses 25 anos de carreira. Nos últimos dois anos, atuo na expansão de negócios, especificamente no mercado de franquias. Mas, antes disso, atuei como consultor de empresas, cuidando de reestruturações, aquisições e desenvolvimento de equipes. Ao longo dos anos, entendi que gerar resultados não é fácil. Você trabalha com as adversidades da economia, concorrência, equipes mal treinadas, expectativas das pessoas – uma infinidade de variáveis que, se não for bem administrada, levará qualquer projeto ao fracasso total. Por isso, prezo pelo resultado: ele fala por si.

Desculpa

substantivo feminino

1. Clemência para com falta cometida; perdão.
   "Pedir desculpas".

2. Razão ou motivo alegado por alguém para desculpar a si mesmo ou a outrem; justificativa.
   "Sua d. foi convincente".

Fonte: Definições de Oxford Languages

D as mais esfarrapadas às mais complexas, usamos as desculpas para tudo e em diversas situações da vida. "Hoje eu não posso, tenho um compromisso", "Só mais cinco minutinhos", "Começo na segunda-feira", "Faço depois", "Amanhã eu começo", "A culpa foi do tempo, choveu"...

Veja que temos as desculpas sociais, até de certa forma inofensivas, que inclusive estão entranhadas na cultura brasileira.

Se alguém nos convida para uma festa que não temos a intenção de ir, em vez de recusarmos o convite de forma educada, inventamos alguma história que justificará a nossa ausência. Temos ainda as desculpas de procrastinação, que são aquelas que nos atrasam ou nos paralisam, como a função soneca do despertador ou deixar para amanhã uma atividade que deve ser feita naquele momento.

Há também as desculpas de histórias que inventamos para nós mesmos para justificar um fracasso. Sim, fracasso. Essa palavra não tem sido tão usada, por não ter um significado bonito e remeter a algo muito feio. Muito embora o fracasso faça parte da vida, ele também é um excelente professor.

E é sobre esse tipo de desculpas que quero tratar neste capítulo. Na intenção de mascararmos nosso fracasso, optamos por colocar a culpa em outra pessoa ou em uma situação, a fim de nos inocentarmos da derrota. Há cerca de quatro anos, entrevistei um rapaz para uma vaga de emprego, aparentemente capaz, com um bom currículo, boa comunicação e aparência. Destacava-se entre os demais. E na bateria de perguntas (sempre utilizo a técnica de conversa) a resposta dele sobre o motivo de sua saída do emprego anterior foi que por conta de uma crise na empresa ele foi cortado.

Indaguei sobre a quantidade de funcionários da empresa e ele me disse que cerca de cento e vinte. Rapidamente perguntei quantos foram cortados – e ele me respondeu que apenas três, sendo ele um deles.

É bem provável que a empresa tenha cortado os três colaboradores por performance; uma vez que uma empresa que esta em crise, não dispensaria apenas três colaboradores em um montante de cento e vinte.

Explorei um pouco mais e as desculpas pelos fracassos foram aumentando, até ele cometer um "sinceridicio" dizendo a verdade – chegava atrasado com frequência, não entregava as tarefas no prazo, faltava, ou seja, era um péssimo colaborador e entendia que o comportamento inadequado levou à sua demissão.

Ao final da entrevista, ele me perguntou se a sinceridade o tinha ajudado e se ele teria chance de ser aprovado. Fui sincero, não dei desculpas. Disse que agradecia pela clareza, porém, pelo histórico negativo, não poderia mantê-lo no processo seletivo, mas que eu acreditava que ele tinha entendido que estava colhendo aquilo que plantou e por mais que ele contasse a história do corte de pessoal, no fundo ele sabia que a culpa era dele. Aquele que pede pela chuva deve se preparar para a lama.

Não existe vitória sem derrota. E sim, para um ganhar o outro tem que perder. Pesado? Mas é a vida, goste você ou não. E aproveito para citar o meu herói, o rei da resiliência, Rocky Balboa (personagem interpretado por Sylvester Stallone):

> A vida não é sobre quão duro você é capaz de bater, mas sobre quão duro você é capaz de apanhar e continuar indo em frente... Ninguém vai bater mais forte do que a vida. Não importa como você bate e sim o quanto aguenta apanhar e continuar lutando; o quanto pode suportar e seguir em frente.

A desculpa de qualquer tipo faz uma ruptura naquilo que tem de ser feito. Essa é a grande verdade. E qual é a desculpa que você está dando para si mesmo, para se manter estagnado, ou para justificar o seu próprio fracasso?

Quer uma vida plena, pare, pense e avance. Sem medo. Antes de melhorar, pode ter certeza que as coisas pioram, pois haverá dúvidas, cansaço, dor da derrota, falta de apoio das pessoas próximas e distrações; e vão levar o seu cérebro a pensar em uma boa desculpa para que você desista.

Entretanto, aquele que quer vencer faz o que tem de fazer para atingir as suas metas, pois entende que para chegar aonde quer há um processo e as dúvidas e as dores fazem parte da jornada.

Quando o meu time de vendas começa a dar desculpa, eu sempre dou a mesma resposta: "Perdedores dão desculpas, os vencedores não". Em geral funciona, pois se tornou um gatilho para que eles façam uma autoavaliação do próprio processo e busquem soluções para o seu próprio desempenho. Eles sabem que têm o meu apoio, desde que não culpem o mercado, o clima, a concorrência e a avó que pode estar com dor nas costas.

A verdade é que desculpas e resultados positivos estão em posições opostas. Não há como conviverem juntos e obterem um resultado comum. Enquanto para se atingir objetivos é necessário ter disposição e força de vontade, para não se fazer basta ligar a Netflix e maratonar uma série.

Se você quer algo, tem que pagar o preço por aquilo. Assisti esses dias a um vídeo no qual um jogador de basquete falava sobre o quão Kobe Bryant era obcecado em melhorar a sua performance. Vivia em torno daquilo. O objetivo era ser grande, entrar para a história do esporte como um dos melhores – era jogar contra os melhores. E é essa vontade que a grande maioria não possui. Seja por falta de clareza do que quer, preguiça ou ambiente desfavorável.

A clareza é o objetivo, aquilo que se deseja com força. A preguiça é a zona de conforto da qual em geral gostamos. E o ambiente é muitas vezes a vida despretensiosa que levamos.

Empresas têm fornecido cada vez mais um ambiente amigável que gera baixo comprometimento, no que tange aos resultados que devem ser atingidos. O politicamente correto se entranhou na mente dos novos gestores, que buscam a qualidade de vida, que é importantíssima, mas que deve ser o fruto do resultado alcançado. Colher os frutos antes de plantá-los é insensato. Mas faz parte da nossa cultura imediatista. Quantos não se endividam contando com o bônus ou décimo terceiro que estão por vir?

Não sabemos esperar, queremos aqui e agora. Queremos vencer uma corrida de 100 metros rasos sem ter a mínima condição de correr 10 metros sem se cansar. Queremos emagrecer sem fazer dieta e sem treinar diariamente, para queimar o excesso de calorias. Ficamos no Instagram, sonhando com a vida que poderíamos ter, sem notar que temos uma vida só nossa, para viver da melhor forma possível.

Clareza, força de vontade e constância. Isso é que inibirá a vontade de procrastinar ou desistir daquilo que queremos, não deixando que nada roube o nosso tempo. E esse é o principal ativo de um ser humano. O tempo é o verdadeiro ativo. Os gregos antigos tinham duas palavras para o **tempo**: Chronos e Kairós. **Chronos** está relacionado com a ideia de tempo cronológico e físico, como as horas, os minutos, os dias, o tempo em que vivemos. Já o **Kairós** era entendido como um momento no presente ideal para algo. O termo é usado também em teologia para descrever a forma qualitativa do **tempo**, como o "**tempo de deus**" (a eternidade). Se simplificarmos, Kairós é a oportunidade perfeita. É onde a habilidade encontra a oportunidade e juntas levam ao sucesso.

Você trabalhou a vida inteira, entregando resultados de excelência, fazendo o seu melhor. A oportunidade bateu na sua porta, num novo projeto, emprego ou promoção; e logo você entendeu que era o seu momento Kairós. Mas se você não estivesse preparado provavelmente a oportunidade não bateria em sua porta e mesmo que batesse você não entenderia que era o momento Kairós.

Creio que as boas oportunidades só aparecem para quem está atento e preparado. E se você não se preocupa em se manter ativo na preparação, fique tranquilo, pois é bem provável que nunca tenha a oportunidade Kairós na vida. Veja que não há sorte ou acaso, mas uma ciência muito exata nisso. E não tem nada a ver com talento ou positividade, mas sim suor e frequência.

Ouço profissionais que ainda não se destacaram e que ainda estão num certo limbo na carreira, quer seja corporativa ou do empreendedorismo, dizendo que querem qualidade de vida para trabalhar menos. Vejo algo muito errado nisso, pois deve ser o contrário. Se você ainda não chegou onde queria, tem que buscar trabalhar e melhorar mais. Deixe a qualidade de vida e o descanso para a aposentadoria, pois uma coisa é certa: É muito melhor ter uma velhice confortável, colhendo o fruto do trabalho árduo da juventude, do que viver as dificuldades, principalmente financeiras, por ter aproveitado a vida na fase em que deveria estar focado em crescer profissionalmente.

Se observar a vida de quem é realmente bem-sucedido, notará que há um estilo por trás disso. Alta performance é certamente um estilo de vida. Acordar cedo, exercitar-se, meditar, trabalhar, estudar, se alimentar bem, ter uma vida familiar de qualidade... Ufa, parece tanta coisa, não é? Mas isso é uma vida simples. Difícil é levar uma vida boemia e trabalhar disposto no dia seguinte, ou algumas horas depois. Difícil é ter que tomar remédios para controlar doenças causadas pela obesidade e por uma alimentação desregrada. Difícil é não dar atenção para a família.

Escolhas. A vida é feita de escolhas. E quais têm sido as nossas escolhas? Qual é a desculpa para não fazer aquilo que tem que ser feito em prol do seu objetivo? Pare de contar histórias tristes para si e para os outros. Ninguém é tão azarado ao ponto de nada dar certo. E como um amigo meu diz: "O cara às vezes se acha tão azarado que se ele comprar um circo é bem capaz de o anão crescer". Azar não existe. O que existe são más escolhas que nos levam aos resultados ruins.

Partindo para a conclusão: Vejo que essa geração tem sofrido por ser imediatista. Não tem visão de longo prazo e tampouco um olhar estratégico. Vão vivendo tudo ao mesmo tempo, sem distinguir a importância do tempo e as respectivas prioridades. Estamos passando por uma pandemia que mostrou o quanto a vida é frágil e efêmera. E por isso temos que dar mais valor ao tempo e usá-lo ao nosso favor.

Independemente da sua posição atual, reflita sobre como você tem gastado o seu tempo e como isso tem contribuído para atingir os seus objetivos. Ao final da sua jornada, você poderá se ver como um vencedor, que lutou, prosperou e deixou um legado, ou dará uma grande desculpa, dizendo que foi uma vítima da vida e das circunstâncias. A escolha é sua.

10

E SE EU MERGULHAR DE MOCHILA?

Neste capítulo, você vai entender como eu conquistei o mundo "mergulhando de mochila". E digo mais. Se a desculpa fosse uma tônica em minha vida, não teria encontrado o que sempre persegui: a felicidade. Quando me entrego, é por inteiro. Quando mergulho, é de cabeça. E o que me proponho a fazer é com o objetivo de alcançar sempre o melhor resultado.

PAULO MILTON

Paulo Milton

Contatos
mestrew11@hotmail.com
Instagram: @mestrew11
47 98428 1312

É graduado em Comércio Exterior pela UNIVALI – SC (2001). Trabalhou como executivo do Banco HSBC. Foi diretor administrativo e financeiro da EMASA – Empresa de Água e Saneamento de Balneário Camboriú/SC e secretário de administração de Balneário Camboriú/SC, além de *trader* – mercado financeiro. Por ser um apaixonado por viagens, escreveu o livro best-seller *Mergulhando de mochila*.

Ainda criança, deparei-me com uma bifurcação na estrada da vida, uma placa indicava dois caminhos: o da desculpa e da lamentação e o da busca e da realização. Era questão de escolha e decisão. Menino, sem ter muita noção, talvez por instinto, segui pelo caminho que se mostrava mais difícil, árduo, por vezes fatigante e desanimador. Só me dei conta adiante. No momento em que era dominado pela emoção, foi a razão que me fez caminhar rumo às conquistas.

Depois de uma visita ao médico, minha mãe chegou em casa com uma notícia para me dar: "Junior, fiz alguns exames e o diagnóstico apontou um cisto no ovário. Preciso fazer uma cirurgia". Eu tinha 9 anos de idade, era um moleque ativo, que gostava de estudar, jogar bola e brincar com os amigos na rua. Não sabia o que era um ovário, sequer um cisto. Aos 36 anos, ela era uma mulher forte, guerreira, sempre alegre e disposta. Sabe aquela pessoa que estar ao lado é aprazível?

A cirurgia foi feita, mas de forma tardia. Diagnóstico errado. O cisto, na verdade, era um tumor, e uma saga de dor e sofrimento começou. Sofrer não era uma escolha, a doença naquele momento era algo que se impunha. Estou falando de meados de 1989. A medicina não era tão evoluída como atualmente. Os tratamentos quimioterápicos eram feitos na capital do Estado, distante aproximadamente 80 quilômetros, sendo que a maior parte desses eram pela rodovia BR-101, não duplicada. Para a época, um trajeto lento e demorado.

Poucas semanas depois, outra má notícia. Minha avó materna descobriu a mesma doença. Agora o sofrimento era dobrado, ao saber e acompanhar as duas. As referências mais importantes da minha vida, mãe e avó, fragilizadas, numa luta incansável pela vida. Naquele momento, toda a família estava abalada. Dias difíceis e entristecedores estavam por vir.

Os acontecimentos começaram a formar um homem que colocaria o racional sempre à frente do emocional. Precisava ser forte ou demonstrar-me como tal. Minha mãe, a principal regente da minha vida até então, só tinha forças para dar e receber carinho. Pai, avô materno, tios e tias tiveram papel importante ao se aproximarem para dividir o peso do fardo, me acolhendo e orientando.

Mais ciente da gravidade, vê-las no cotidiano fazendo tratamento, amargando um quadro clínico incerto, que oscilava entre melhoras e pioras constantes, estraçalhava meu coração. Na plenitude de uma infância que se desenhava boa e alegre, meu chão começava a se abrir em fendas que se tornariam uma enorme cratera pouco tempo depois.

Bastaram apenas 9 meses para ouvir do meu avô, ao atender em voz alta o telefone na sala, a pior notícia da minha vida: "Alô... (silêncio) Morreu?" O mundo levaria inicialmente minha jovem mãe. Era o cordão umbilical sendo definitivamente cortado. Arrancado, na verdade, da forma mais impiedosa. Uma história curta, sem final feliz. Meses depois, minha avó não resistiria à doença e partiria. Uma sequência de duros golpes que já deixavam em mim marcas, traumas, vestígios que poderiam se transformar em pretextos para a eternidade.

Foi em maio de 1990 que a vida iniciou um processo de apresentação e formação daquela que poderia ser a maior, melhor e mais aceitável desculpa a ser usada em qualquer situação futura. No delgado limite da dicotomia, o mundo, muitas vezes cruel e com uma capacidade absurda de nos surpreender negativamente, apresentaria ainda mais obstáculos.

Encarei os fatos, aprendi, tornei-me mais forte com o sofrimento e a dor. Nem sequer tinha tamanho e idade para me impor perante este mundo que já mostrava suas forças, fazendo-me tropeçar e cair sem ao menos ter tido o gosto de sentir-me em pé.

Decidir é difícil, muitas vezes aceitar a realidade também, agora persistir, acreditar e correr atrás dos seus sonhos talvez seja aquilo que a vida te impõe como mais desafiador. Existem atalhos que nos trazem conformismo e oferecem a falsa sensação de conquista por não ter realizado absolutamente nada, que confortam, acomodam quem não quer se indispor e que induzem a mentir para os outros e para si mesmo. A um desses atalhos, quem sabe o principal e mais simples, podemos dar o nome de desculpa.

No momento em que o mais valioso era ser apenas criança e, *a posteriori*, curtir a adolescência, época em que entendimentos e sonhos começavam a se formar, diante daquele metafórico entroncamento, os passos dados foram em direção às conquistas, à realização de sonhos, rumo ao desconhecido.

Os fatos ocorridos, quando criança, levaram ao rompimento da parte mais emocional do meu ser, transformando-me em um jovem forte, perseguidor de objetivos, tomado pela razão. Tinha a necessidade de mostrar minha capacidade de superação, talvez para preencher os vazios que a vida me impôs.

As destrutivas e esfarrapadas desculpas ficariam definitivamente para trás, ou melhor, não chegariam a sequer serem cogitadas, após entender que a vida que valeria a pena ser vivida seria aquela em que eu pudesse encontrar o meu lugar no universo, no qual me sentisse realizado, bem e feliz.

Chegando a essa conclusão, a partir de agora, você entenderá a pergunta que intitula este capítulo. E se eu mergulhar de mochila? Hoje espectador de mim mesmo, diante de um espelho imaginário, a resposta parece simples e fará total sentido. Foi mergulhando de mochila, ou seja, viajando pelo mundo e vivendo intensamente cada experiência nos mais diversos lugares, que encontrei a minha felicidade.

Talvez eu tenha entendido ou percebido que o sentido da vida seja maior do que eu mesmo imaginava ou do que buscava para acalentar meu coração. Foi fora da pretensa zona de conforto que a magia aconteceu, tão intensa que o Paulo homem, mais cascudo, preparado e dono de si, compreendeu que o Paulo menino, mais frágil e carente, de alguma forma sempre esteve presente.

Mas antes desse entendimento, etapas foram superadas. Na adolescência, a realidade me mantinha distante daquilo a que almejava, mas minha inquietude não. O mundo que tira é o mesmo que dá. É fato que perdi pessoas importantes para a minha formação, mas também ganhei outras durante a caminhada. São muitas as pessoas que me ajudaram a seguir adiante, por um caminho reto, do bem, sem perder a razão. Além disso, estudo, trabalho, dedicação, foco, paciência e persistência foram fatores responsáveis para as minhas realizações, somados à educação financeira e a uma vontade absurda de fazer acontecer, conquistar tais objetivos. Após conseguir um excelente emprego, que proporcionaria uma carreira executiva de ascensão meteórica, eu tive a oportunidade de realizar um dos meus principais sonhos: viajar.

Foi apenas aos 22 anos de idade, no ano de 2002, que consegui fazer minha primeira viagem. Ao passar pelo detector de metais do aeroporto, mal sabia que estaria entrando em um portal mágico, e não imaginaria que de lá nunca mais sairia. É bem verdade que aquele momento significava uma conquista, um triunfo. Mas parecia apenas uma simples viagem de um jovem sonhador em busca de aventuras. Hoje, mais experiente, consigo perceber que havia algo maior por trás de todo o contexto.

Viajando percebi que, ao sair em busca do novo, do desconhecido, tornei-me uma pessoa melhor, em todos os sentidos. Ao deparar-me com outras realidades e culturas, preconceitos, paradigmas e tabus deixaram de existir na minha percepção geral de mundo. E mais, descobri que minhas dores e a vontade de seguir em frente impulsionaram uma visão ampla da realidade e me tornaram mais humano ao olhar para o outro, independentemente da condição e do lugar em que esse outro esteja. Talvez esse seja o sentido da vida que se descortinava na minha vivência.

Para que você possa entender melhor, vou falar sobre uma das minhas principais experiências pelo planeta. O mergulho de mochila que aconteceu na longínqua e espetacular Nova Zelândia, responsável pela virada da chave na porta do autoconhecimento. Percorrendo as duas ilhas, conhecendo cidades, encarando as mais diversas aventuras radicais no país que considero o mais lindo do mundo, tive a certeza de que viajar era sinônimo de felicidade.

Um momento específico, um dos maiores desafios da minha existência foi o marco definitivo dessa descoberta. De cara com o medo, na iminência de desistir, à beira da porta que se abria de uma pequena aeronave, um salto de paraquedas se apresentava. Pular ou não? Os silenciosos segundos que antecedem o salto fazem pensar. Eu desejei estar ali, a eternidade daquele instante tinha algum significado. Sem titubear, saltei.

O vento tocava meu rosto, mal conseguia respirar, o peito apertado pela pressão do ar. Não sentia minhas pernas, que apenas balançavam sem que pudesse controlá-las. O branco das montanhas nevadas ganhou uma dimensão lá de cima. Chegava a doer nos olhos, mas a sensação de estar acima de tudo aquilo me fez pensar em como somos pequenos diante da imensidão de um mundo que não conhecemos.

Sobrevoava, tomado por um sentimento inexplicável de liberdade, como nunca havia sentido. Não parecia real, nada mais importava, eu só queria estar ali. A obra divina saltava aos olhos. Os campos esverdeados e ainda orvalhados pelo amanhecer, os lagos espelhando o firmamento, o sol raiando um novo dia, a vida ganhando forma e movimento. A contemplação traduzida como um momento de alegria. Gostaria que, durante aqueles segundos, de uma queda livre totalmente insana, o tempo parasse. Mas aquilo que temos de mais precioso não para.

Assim que coloquei os pés no chão, após um pouso tranquilo e seguro, voltei do êxtase que me encontrava, ao sentir-me abraçado pelo velame e os cabos que agora sem a sustentação do ar caíam por cima de mim. Sentado no veículo de resgate, durante o caminho de volta para o hotel, ao olhar para o céu, parecia me chamar. "Volta, volta!", ecoavam as vozes celestiais da minha imaginação.

E qual é o significado desse chamado? Perceba que, quando você quer muito repetir algo, é porque aquilo fez bem de alguma forma. Eu queria saltar novamente, viajar novamente, continuar a desbravar o novo mais vezes. A resposta, percebida e identificada nos impulsos insaciáveis em repetir o que alegrava, era óbvia. Tinha encontrado um sentido para minha vida, talvez o maior dos propósitos.

O simbólico portal mágico foi aos poucos revelando um processo de autoconhecimento, pelos acontecimentos durante minhas viagens, da forma com que me relaciono com as pessoas que cruzam meu caminho, da imersão a que me proponho quando estou em algum lugar que desconheço. A tal virada de chave aconteceu ao superar meus próprios limites, ao não dar ouvidos ao medo. Entendi que podia e deveria ir além, do meu jeito, fora da minha zona de conforto, o que resultou no ressignificado de muitas questões pessoais.

Não importa o lugar, seja próximo ou dentro de um monumento histórico, em um vilarejo distante, em alguma cidade badalada, em uma praia paradisíaca, os dois Paulos, o homem e o menino, sempre se encontram num misto de incredulidade e satisfação, ao ver na tela do cinema da vida de onde saíram e aonde chegaram. Aquele que um dia perdeu a referência ao ficar precocemente sem a figura materna ganhou o mundo quando acreditou que era possível realizar o que um dia sonhou. O resultado: felicidade.

O ciclo vital é dinâmico. Me parece pouco inteligente perder suas fases e momentos com lamúrias, má vontade e vitimização. Acredite, você pode, você consegue; porém, se achar que não, terá razão. Seja um exterminador das suas amarras. Não estou falando em ser como os indestrutíveis e invencíveis heróis de filmes. Não é sobre destruir, mas sim construir, de forma humanizada, encontrar-se, autoconhecer-se para alcançar aquilo ou algo que o complete.

As viagens me levaram a percorrer mais de 150 cidades em 46 países pelo mundo. A vivência, os aprendizados e as histórias acumuladas ao longo dessa trajetória proporcionaram a escrita do meu primeiro livro, o best-seller *Mergulhando de mochila*.

Quem dá desculpas padece em vida, não realiza! Extermine-as, confie no seu potencial, prepare-se, busque superar-se diariamente e torne seus sonhos realidade.

11

PROCRASTINAÇÃO ACADÊMICA

É o que abordarei neste capítulo. Reiteradas postergações não impactam somente seu dia a dia, mas também sua saúde física e psicológica. Chega de desculpas, chega de dizer que não tem tempo ou que não consegue fazer determinada atividade. Isso precisa ser evitado antes que se torne um hábito que comprometa consideravelmente o seu dia a dia e a qualidade em seus estudos. Como enfrentar esse vilão, acabando de vez com as desculpas?

ROSELI FALEIRO

Roseli Faleiro

Contatos
roselifaleiro@gmail.com
Lattes: https://bit.ly/3wUhaV4
LinkedIn: www.linkedin.com/in/roseli-faleiro
Instagram: @faleiroroseli

Pós-graduada em Assessoria Executiva pela Uniítalo. Graduada em Secretariado Executivo Trilíngue pela FECAP. Colunista do blog BS. Facilitadora de cursos nas áreas de secretariado, atendimento, recepção e hotelaria. Licenciada em Letras Português pela Claretiano (2022). Coautora do livro *Meu cliente subiu no telhado... e agora?*, publicado pela Editora Literare Books International. Coautora do *Livro digital* vol. 02-2021 – Coletânea BS – Gestão e Secretariado. Possui 25 anos de experiência como secretária executiva de presidência e diretoria.

Quem nunca passou horas em frente à televisão enquanto deveria estar escrevendo um trabalho? Quem nunca ficou com raiva de si mesmo por ter adiado uma tarefa importante sem, aparentemente, nenhuma justificativa? Ou ainda, quem nunca disse que só consegue terminar seus trabalhos sob pressão ou dentro de prazos curtíssimos? Ao contrário do que pode parecer, adiar atividades e compromissos não é um problema individual, mas um comportamento comum a todos e que tem nome: **procrastinação.**

Portanto, procrastinação é o adiamento ou atraso em realizar determinada atividade. É o ato de adiar de maneira desnecessária decisões e ações que podem prejudicar você lá na frente. Procrastinadores costumam ser chamados de preguiçosos, mas procrastinação não é sinônimo de ócio. Eles simplesmente substituem as atividades por outras irrelevantes ou agradáveis no momento.

Etimologia: a palavra procrastinar em si vem do latim *procrastinatus*: *pro* (à frente) e *crastinus* (de amanhã). A primeira aparição conhecida do termo foi no livro *Chronicle (The union of the two noble and illustre famelies of Lancestre and Yorke)*, de Edward Hall, publicado primeiramente antes de 1548.

A procrastinação acadêmica

Pensa-se que a procrastinação é particularmente prevalente em ambientes escolares e, consequentemente, se repete em ambientes acadêmicos, onde estudantes devem lidar com prazos para provas e trabalhos em um ambiente cheio de eventos e atividades que competem o tempo e a atenção dos estudantes. Alguns estudantes enfrentam o problema por causa da incapacidade de se autorregular, sofrendo com a intervenção externa, a falta de gerenciamento de tempo ou técnicas de estudo, estresse ou porque se sentem sobrecarregados com seus trabalhos. Trata-se de uma autossabotagem consigo mesmos em não fazer o que se pretende ou é necessário; com o medo, inicia-se um ritual de desculpas.

As pessoas recorrem às desculpas, basicamente, por medo de falhar, de mudança, de encarar a responsabilidade ou da incerteza de alcançar algo maior e desconhecido.

É importante, contudo, não se deixar levar por esse ciclo, pois é gerador de sofrimento, nervosismo, medo, ansiedade e até depressão. Você deve ter em mente que metas de estudo devem ser traçadas e os prazos cumpridos são de suma importância para seu sucesso nos estudos e como o profissional que será um dia. Caso você deixe de cumprir as atividades de estudo dando desculpas por atrasos, a situação vai simplesmente virando uma bola de neve em que tudo é jogado para a frente e se perderá no meio do caminho, deixando de entregar trabalhos e acompanhar os estudos, ou seja, a tendência é que você se torne um procrastinador contumaz.

Cito aqui algumas das desculpas mais utilizadas no meio:

1. Eu não tenho sorte.

Você acha que a sorte vai cair no seu colo sem esforço algum? Você precisa ser proativo, estudar e se preparar para que sua avaliação não seja um desastre.

2. Eu não consigo. Estou confortável como/onde estou.

O conforto e a estabilidade podem ser seu pior inimigo, pois te impedem de aprender e evoluir.

3. Eu não tenho tempo agora.

O tempo nunca sobra, nós é que acabamos por arranjá-lo de acordo com as nossas necessidades.

4. Eu faço isso depois.

A procrastinação é um problema terrível e muitas pessoas acabam cometendo. Ao executar suas atividades somente no último minuto, você se força a fazer as coisas tomado pela pressa, executa sem a mesma precisão, peca pela impulsividade e tende a cometer muito mais erros.

Jogando as suas tarefas para depois, você está empurrando suas responsabilidades para o último instante e aí pode ser tarde demais para executá-lo.

Síndrome do estudante

A síndrome do estudante refere-se ao fenômeno de que muitos estudantes só começam a se dedicar inteiramente a uma tarefa logo antes do prazo final.

Por exemplo: um grupo de estudantes solicita o adiamento do prazo de entrega de um trabalho, com o argumento de que seus projetos serão melhores se eles tiverem mais tempo para trabalhar neles; porém, a maioria dos estudantes terá outras tarefas ou eventos que também demandam seu tempo. E mesmo que o prazo de entrega seja adiado, eles vão acabar se encontrando na mesma situação em que começaram desejando ter mais tempo livre, conforme a data limite se aproxima.

Qual é o sentimento do procrastinador

Para a pessoa que está procrastinando, isso resulta em estresse, sensação de culpa, perda de produtividade e vergonha em relação aos outros, por não cumprir com as suas responsabilidades e compromissos, sejam eles acadêmicos ou profissionais. Sem contar que podem ficar mal vistos pelos colegas e familiares. E no ambiente profissional os malefícios também são significativos. Embora a procrastinação seja considerada normal, torna-se um problema quando impede o funcionamento normal das ações. Deve-se prestar muita atenção, pois a procrastinação pode passar a ser crônica, tornando-se um sinal de problemas psicológicos ou fisiológicos que requerem ajuda de um profissional da saúde.

Por que procrastinamos?

Existem duas razões principais que levam uma pessoa a procrastinar.

1. Causas psicológicas

Referem-se a ansiedade, estresse e problemas de autoestima. Há quem deixe de realizar determinada tarefa por medo de reprovação ou por não achar que ainda não está bom o suficiente.

2. Causas fisiológicas

A capacidade de manter o foco e ignorar todo o resto opera no cérebro na região do córtex pré-frontal. Essa área tem como principais funções atuar no planejamento, no controle de impulsos, na determinação do foco e no filtro de estímulos geradores da distração. Se há algo incomum nessa área, como uma lesão, por exemplo, o indivíduo pode sofrer mais facilmente com as distrações externas.

Quando o problema é foco

Chega de dizer que a culpa é do outro, pois a capacidade de tirar sua atenção de uma coisa e transferi-la para outra é essencialmente sua e isso acaba prejudicando seu bem-estar.

Quanto mais poderosa é a nossa atenção seletiva, maior é nossa capacidade de nos mantermos absortos no que estamos fazendo.

Quando nossa mente divaga, nosso cérebro nos diz coisas que não têm nada a ver com o que estamos tentando fazer ou aprender. Sem foco, nada do que estamos tentando fazer terá uma finalização dentro do prazo. Portanto, chega de dizer que a culpa é do outro. Colocar a culpa no outro não vai diminuir a sua culpa quanto à não realização de determinada atividade.

Identifique suas limitações para evitar as desculpas

Na grande maioria das vezes não identificamos nossas limitações antes que já tenham nos causado dor e sofrimento e a situação já está grave, e só assim vamos procurar ajuda. Ou seja, o que antes era algo eventual e corriqueiro vira hábito. Você deve tentar identificar quais e se existe alguma atividade específica que faz você adiar ou negligenciar uma tarefa. Falta motivação nos estudos? Está cansado? Quantas horas de sono você tem dormido? Enfim, podem ser vários os motivos que te ajudam a deixar para amanhã determinadas atividades; e será preciso trabalhar ou até mesmo procurar ajuda médica. Vai depender do quão grave é o caso.

Descubra que tipo de procrastinador você é

Existem dois perfis principais: o relaxado e o tenso-nervoso.

Relaxado: Vê as possibilidades de uma maneira negativa. Direciona as energias para outras tarefas mais agradáveis. Não vê o impacto de deixar de fazê-lo.

Tenso-nervoso: Têm consciência de que suas obrigações são importantes, mas se sente incapaz de executá-las, pelo menos, em um primeiro momento. Sente-se dominado pela pressão. Tem os seus objetivos mal definidos.

Atitudes para vencer a procrastinação nos estudos e mudar o quadro

1. Primeiramente crie um comprometimento consigo, dizendo a você mesmo que está comprometido a não mais procrastinar, a não mais dar desculpas, a não mais deixar de cumprir seus compromissos. Essa ação deve vir conjuntamente com sua capacidade de autorresponsabilidade.

2. Visualize seu "Eu" no futuro. Comece a pensar sobre seu futuro, uma pessoa formada na sua área de atuação e bem-sucedida.

3. Crie uma lista de tarefas: crie o hábito de se tornar uma pessoa organizada. Liste as suas tarefas diárias em ordem de prioridade. Isso te ajuda a ter clareza do que precisa ser feito e te dá mais controle do que precisa ser concluído.

4. Foque em uma tarefa por vez, assim terá uma aprendizagem mais fluida e menos cansativa, além do que a nossa mente não consegue manter o foco em mais de uma tarefa simultaneamente.

5. Torne o seu ambiente de estudos adequado: faça com que todos à sua volta contribuam para que seus estudos transcorram normalmente, sem distrações externas. Mantenha um ambiente de estudos organizado e funcional.

6. Crie metas e estabeleça um prazo limite: as metas são fundamentais; trace as suas e estabeleça um prazo adequado para finalizar cada uma delas, e vá em frente.

Os grandes vilões das distrações

Internet: deve-se tomar muito cuidado, pois, conforme a educação migra para os formatos baseados na web, cresce o estímulo e o perigo de distrações com a internet.

Celular: deixar de lado o hábito de "dar uma olhadinha no celular". Esse hábito pode transformar-se em horas jogadas fora em forma de procrastinação, que poderiam e deveriam ser muito mais bem usadas. É uma tentação muito grande, por isso é melhor evitá-la.

Referências

BONATTI, C. *Como vencer a procrastinação nos estudos?* Disponível em: <https://noticiasconcursos.com.br/vencer-a-procrastinacao-nos-estudos/>. Acesso em: 12 jul. de 2021.

BRANDÃO, M. *Procrastinar – todo mundo procrastina, mas nem todos são procrastinadores!* Disponível em: <http://www.maiswebmarketing.com/procrastinar/>. Acesso em: 20 jun. de 2021.

DUHIGG, C. O Poder do hábito: por que fazemos o que fazemos na vida e nos negócios. Editora Objetiva, 2012.

EAD PUC-PR. *Procrastinar: o que é, causas e como parar a procrastinação.* Disponível em: <https://ead.pucpr.br/blog/procrastinar>. Acesso em: 1 jul. de 2021.

O MESTRE EM CONCUROS. Dicas curtas. Podcast. Disponível em: <https://www.listennotes.com/podcasts/o-mestre-em-concursos-dicas-curtas-In7lz29DRqe/>. Acesso em: 28 jul. de 2022.

OUCHANA, D. Deixa para depois. *Revista ensino superior.* Disponível em: <https://revistaensinosuperior.com.br/deixa--para-depois/>. Acesso em: 25 jun. de 2021.

SAVAL, D. *Procrastinar, não! Um manual para você saber por que adia as coisas, superar os maus hábitos e alcançar os seus objetivos.* C&T Books, 2019.

WIKIPÉDIA. *Procrastinação.* Disponível em: <https://pt.wikipedia.org/wiki/Procrastina%C3%A7%C3%A3o>. Acesso em: 4 jun. de 2021.

12

PC_PA
TÉCNICA PRÁTICA E SIMPLES PARA EXTERMINAR DESCULPAS E ALAVANCAR RESULTADOS

Neste capítulo, você encontrará um passo a passo para te ajudar a exterminar suas desculpas e gerar resultados concretos e mensuráveis, na vida pessoal e profissional. Aprenderá a direcionar seu potencial para a ação e sair da "corrida de ratos" do insucesso e da frustração.

SARA T. LIMA

Sara T. Lima

Contatos
saratlima@terra.com.br
Instagram: @saratravainilima
LinkedIn: saralimasoluções
67 99930 8442

Graduada em Psicologia pela Uniube (2000), com MBA em Gestão Estratégica de Pessoas pela UCAM (2007). Analista Comportamental, *Leader Coach* e *Professional & Self Coach* pelo IBC, com certificação do IAC (International Association of Coaching) e Extensão Acadêmica em *Professional & Self Coach* pela FATO, em parceria com IBC (2017). Especialista em Gestão de Talentos Humanos e Desenvolvimento de Pessoas, Times e Líderes, com mais de 20 anos de experiência em empresas de diversos segmentos. Palestrante, treinadora e idealizadora do método PC_PA, que já impactou a vida de centenas de pessoas.

Nesses 20 anos de carreira, uma das coisas que mais me chamou a atenção foi perceber como que muitas pessoas, mesmo com boa capacidade intelectual, pessoas queridas, "do bem", não conseguem ter resultados e muitas vezes vivem uma vida de dramatização e insucessos.

Quando iniciei no mercado de trabalho, atuava muito em processo seletivo. Entrevistava candidatos altamente capacitados e com ótimos currículos, mas que nem sempre eram absorvidos pelo mercado e muitas vezes não tinham sucesso em suas carreiras. Por outro lado, alguns profissionais que não tinham tanta formação ou experiência, mas que eram geradores de resultados, eram disputados em um mercado tão concorrido.

E por que isso acontecia? Esse questionamento sempre esteve presente em mim. Como ajudar essas pessoas a transformarem toda a capacitação em ação e a serem profissionais de resultado?

Em busca dessas respostas, mergulhei em estudos sobre mente humana, sabotador, psicologia positiva, gestão de pessoas e liderança; e tentava aplicar o que aprendia em meus trabalhos em empresas, mentoria e *coaching*.

Uma das conclusões a que cheguei é que nem sempre estamos preparados ou direcionados para usar todo o nosso potencial e aceitamos viver uma vida mediana e medíocre, pois acreditamos ser suficiente. E talvez possa ser suficiente para algumas pessoas, mas para outras NÃO! A maioria vive encapsulada na zona de conforto, repetindo comportamentos aprendidos, insatisfeitos, mas não consegue encontrar outra maneira de fazer as coisas.

E por quê? Talvez por não ter autoconhecimento suficiente para reconhecer seu potencial ou por não saber lidar com suas limitações e potencialidades. Em alguns casos, percebo que a pessoa deseja fazer algo além, mas acaba sendo esmagada pelo meio em que vive, por uma repetição de comportamentos familiares ou reforços negativos, acreditando ser mais fácil ou menos traumático não mudar. Somos fruto do meio em que estamos inseridos, então aqui vai a minha primeira dica.

Repense suas tribos

Quando uso a palavra "tribo" me refiro a um grupo de pessoas que têm objetivos, hábitos, estilo de vida, ideias em comum e tendem a influenciar umas às outras; afinal, buscamos conexão e pertencimento.

Se sua tribo está habituada a viver no instinto de sobrevivência, trabalhar para pagar contas, pensar que a vida é dura, que sucesso é para poucos, que são vítimas do sistema, que não investem em desenvolvimento, eles te inspiram e orientam a serem iguais. Essa tribo possui mentalidade fixa.

De acordo com Carol Dweck, as pessoas podem ser divididas em dois grupos quando considerado o tipo de mentalidade (ou *mindset*): o grupo da mentalidade fixa e o de crescimento. Pessoas com mentalidade fixa acreditam que inteligência e habilidade são natos, não percebem suas limitações, evitam desafios e encaram problemas como algo difícil. Já as pessoas de mentalidade de crescimento acreditam na capacidade de desenvolver inteligência e habilidade, buscam aprender, abraçam desafios, encaram falhas como oportunidades, entendem que o esforço faz parte e enfrenta os problemas sem grande sofrimento (DWECK, 2017).

Quando realizo mentoria e *coaching* com profissionais com *mindset* de crescimento, rapidamente conseguem fazer mudanças significativas. Pessoas e lideres com mentalidade expansiva permitem ser apoiados, orientados e aceitam repensar sua maneira de fazer as coisas.

Esse modelo mental deve ser estimulado desde a infância. As crianças devem acreditar que a vida é um constante aprendizado e não existe "fracasso definitivo". E se essa mentalidade de crescimento não foi estimulada em minha infância, eu posso mudar depois de adulto? **É claro que sim**. Se você está lendo este livro, provavelmente já é um sinal de que está em busca de algo novo.

Costumo usar a seguinte metáfora em meus treinamentos e palestras: imagine que você tem uma escada para escalar um muro de 1 metro. Quando sobe, vê paisagens, pessoas, ideias e visões. Se você ficar anos somente nesse muro, vai acreditar que essa é a realidade de "todo mundo". Agora imagina se de tempos em tempos você escalar muros mais altos, com certeza enxergará coisas novas cada vez que subir.

Eu venho de família de classe média baixa e aos 15 anos meu sonho era conhecer a Disney; o tempo passou e de repente completei 40 anos. Eu ainda tinha o sonho, mas quando comentava com as pessoas muitas riam e falavam que não teria graça. Quando ganhei uma viagem por Mérito de Metas para Los Angeles, defini que iria realizar meu sonho. E acredite: vivi uma experiência incrível. Naquele dia fiquei pensando que as pessoas que riram de mim nunca estiveram lá, então não tem como elas compreenderem o que senti, o muro delas está muito baixo nesse caso.

A águia é muito admirada e usada em metáforas para profissionais de alto desempenho, mas são atacadas pelo corvo. Ele se senta nas suas costas e morde seu pescoço. Ao invés de lutar, a águia não perde tempo nem gasta energia, abre suas asas, começa a subir mais alto e o corvo tende a desistir, pois fica sem oxigênio.

Nesse momento talvez você esteja pensando em pessoas que precisem mudar e deveriam ler este livro. Maravilha, indique! Mas agora foque em si. Quando queremos mudar, a tendência é querer mudar o externo e isso é errado. Mude a si mesmo e irá impactar todos a sua volta.

A corrida dos ratos

A maior parte das pessoas utiliza muito pouco do seu potencial e cada vez que elas fazem menos, perdem mais energia e entram na **corrida de ratos**. Eu tive um hamster e na sua gaiola havia uma roda na qual ele ficava horas correndo em círculo sem chegar a lugar nenhum. Essa metáfora nos ajuda a pensar que, quando estamos sem objetivo, presos na zona de conforto, começamos a girar em círculo e intensificar nosso processo de dramatização, não merecimento e generalização. Você acredita que está ruim para todo mundo e que deve se conformar.

Em minha carreira havia aprendido muito sobre o ser humano, mas algumas coisas só compreendi quando entrei em uma corrida de ratos. Parecia que não encontrava alegria, não tinha energia e comecei a fazer cada vez menos. Sou ativa, valorizo pessoas e oportunidades, amo desenvolver profissionais, mas depois de uma sequência de desafios acabei me perdendo. Um dia resolvi que não queria mais viver daquele jeito, mergulhei em me conhecer, voltei a estudar, treinar, me alimentar melhor e suplementar, criei planos e projetos. No meio dessas mudanças internas, meu marido foi transferido para uma região a 1.000 km de distância das nossas famílias, mas isso não me impediu de seguir os planos, seria a 14ª mudança de casa e a 6ª cidade onde iria morar. Um ano depois, estava altamente produtiva, com muitos resultados, novos amigos e clientes e emplaquei no mundo on-line. Agora percebo como tive sorte por passar por isso. Além de ter amadurecido muito, hoje mais de 80% do meu trabalho é fruto da minha retomada.

Pensei antes de escrever esse trecho da minha história: "Será que irá agregar algo para meu leitor?". Cheguei à conclusão de que sim, ver uma pessoa de sucesso nos traz a falsa ilusão de que ela é muito forte, que sempre lida bem com todas as diversidades e nos sentimos perdedores, mas isso não é verdade. Como as estações do ano, passamos por fases de desmotiva-

126 | Exterminador de desculpas

ção, nostalgia, renovação e crescimento; temos de aprender a lidar com cada uma.

Agora reflita: você está feliz com os seus resultados? Está usando o seu potencial? Ganha o quanto acredita merecer? Vive uma vida próspera?

Se a maioria das respostas forem negativas, te convido a sair da **corrida de ratos** e dedicar um tempo a estudar o método que desenvolvi chamado PC_PA, para exterminar desculpas e alavancar resultados.

Pegue papel e caneta e coloque em ação as orientações que vou passar; afinal, informação sem ação é só intenção ou grande ilusão.

PC_PA: hora da ação

O método é dividido em 4 etapas simples e eficazes, por quê, como, prazo e acompanhamento.

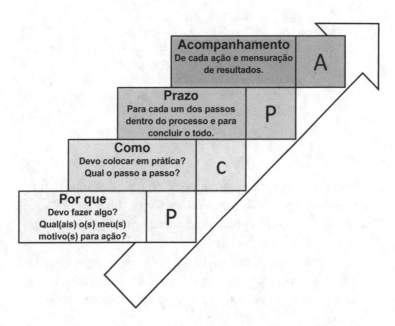

Por quê?

Sempre que vamos fazer algo, precisamos ter claramente o motivo. O que nos gera movimento e nos ajuda a manter o foco é o nosso "por que".

Normalmente somos movidos pela busca constante do prazer ou pela fuga da dor. Se focarmos somente nisso a nossa tendência é não fazer nada além. Mas se pensarmos nos benefícios que teremos quando atingirmos uma meta vamos focar nossa energia no prazer da conquista e do novo.

A partir do momento em que eu defino o meu motivo, consigo alinhar prioridades, tomar decisões e saber usar meus recursos em função do foco.

Grande parte de nós inicia muitas coisas, poucos chegam ao fim. Existe uma grande tendência de procrastinar ou desistir por falta de **motivo/ação**.

Elaborei algumas perguntas para te ajudar a definir motivo(s).

1. Por que você quer atingir essa meta?
2. O que você vai ganhar quando atingir?
3. O que acontecerá se não conseguir atingir? (perdas)
4. Como vai se sentir quando tiver conquistado?
5. Qual é o motivo pelo qual você deseja atingir?
6. Tente visualizar o momento da conquista, onde e como você está? Valeu a pena?

Como?

Vamos agora para o passo a passo. Se não conseguiu definir seu por quê, pare e amanhã você retoma; uma boa noite de sono ajuda a mente a processar emoções, memórias e estimula o cérebro no aprendizado.

Tem pessoas que possuem necessidade nessa etapa de entrar em detalhes, pois são mais analíticas. Outras vão criar passos mais genéricos, pois gostam de saber o caminho, mas não abrem mão de improviso e se ajustam a mudanças rapidamente. Não existe modelo padrão, depende do que faz sentido para si. Tome cuidado para não travar, não busque perfeição nas ações, faça com os recursos que você tiver. Crie passos mais curtos e comemore cada etapa vencida, isso aumenta o foco e a motivação.

Abaixo algumas questões para te ajudar no "como":

1. O que e como farei para atingir a meta?
2. Qual é o passo a passo?
3. De quais recursos financeiros e humanos preciso?
4. O que e quem pode me sabotar?
5. Quais são meus medos?

Prazo

O prazo cria na mente gatilhos que estimulam a manutenção do foco e ajudam a eliminar os "desperdiçadores" de tempo, focando na execução da tarefa em busca do cumprimento do planejado.

Você deve criar prazos para cada "como" e uma data limite para concluir o todo a fim de atingir sua meta.

Cada vez que eu cumpro uma etapa, estou desenvolvendo novas habilidades e hábitos, estes atuam como forças poderosas que determinam nosso nível de eficácia.

Se nessa etapa você perceber que está "apagando fogo", isto é, está sempre correndo para não perder o prazo ou com muitas urgências não programadas, é hora de rever a gestão do tempo e se organizar. Não tem problema fazer revisões em seu PC_PA, até por que alguns cenários mudam no meio do processo, principalmente para metas de longo prazo.

A seguir, separei dicas para te ajudar a definir prazos:

1. Para cada "como" defina uma data limite e uma data para conclusão do todo.

2. Questione-se se realmente o prazo é atingível; considere os recursos necessários.

3. Não coloque prazos muito longos; tente se desafiar para conseguir ter mais movimento.

4. Alinhe os prazos com todos os envolvidos.

5. Comunique às pessoas que de alguma forma serão impactadas pela suas ações e mudança: equipe, família, seu líder.

6. Escreva três motivos pelos quais você precisa atingir a meta no prazo e use-os sempre como gatilhos positivos durante o processo.

Acompanhamento: estamos quase lá!

Aqui é importante avaliar se a meta que criou é mensurável, isto é, temos que ter a possibilidade de acompanhar o seu progresso e, ao final, identificar se ela foi alcançada. Não deixe para fazer o acompanhamento no final do prazo; o ideal é criar uma sistemática (por dia, semana, quinzena ou mês) para avaliar números, desempenho, eliminar sabotadores ou realinhar ações com envolvidos.

Esse acompanhamento pode ser feito em uma planilha on-line ou de papel. O importante é ser feito de uma maneira que você consiga cumprir. Vejo muita gente seguindo "receita de bolo pronto" para ter sucesso, mas temos que considerar que cada um tem um estilo de aprendizado diferente; ajuste ao seu perfil.

O caminho à frente

Minha experiência me mostrou que normalmente as mudanças são difíceis, requerem muita permissão interna, energia, construção de novos hábitos, desenvolvimento de habilidades, inserção de tribos e muita resiliência. Mas não mudar e ficar estagnado, insatisfeito e improdutivo, com certeza é muito mais difícil e muitas vezes faz a vida perder o sentido. Convido você a se permitir fazer o novo, o diferente e a ter uma vida próspera.

Agora você deve estar se perguntando: "A Sara tem uma vida perfeita e está sempre satisfeita com os resultados?". É claro que não, mas estou sempre em busca de fazer melhor e ser uma pessoa melhor, de poder impactar a vida de mais um. Uma das minhas grandes realizações é apoiar pessoas a sair da "corrida de ratos" e direcionar todo o seu potencial para a ação. Posso dizer que essa é minha missão profissional.

E é esse convite que quero deixar para VOCÊ neste capítulo. Não aceite passar pela vida sem descobrir seu propósito, sem evoluir, sem subir degraus em seu muro. Aproveite todas as oportunidades; e quando elas não aparecerem, CRIE-AS.

Referências

DWECK, C. S. *Mindset – a nova psicologia do sucesso*. Rio de Janeiro: Objetiva, 2017.

BOSSIDY, L.; CHARAN, R. *Execução – a disciplina para atingir resultados*. São Paulo: Campus, 2019.

COVEY, S. *Os sete hábitos das pessoas altamente eficazes*. São Paulo: Best Seller, 2017.

GODIN, S. *Tribo nós precisamos que você nos lidere*. Rio de Janeiro: Altas Books, 2018.

13

DESCULPE-ME PELAS DESCULPAS!

A desculpa pode ser concebida como recurso socialmente positivo ao mesmo tempo em que é associada a cognições e a comportamentos disfuncionais. Busca-se elevar o nível de compreensão de dois sentidos da desculpa – pedir e dar desculpas –, explorando diferentes abordagens e reflexões centrais: "Qual é o sentido de suas desculpas?" e "Quando o assunto é procrastinar, que desculpa exterminar?".

SHEILA MALTA SANTOS

Sheila Malta Santos

Contatos
sheilamaltabiel@yahoo.com.br
61 99213 8681

Psicóloga pelo Centro Unificado de Brasília (UniCeub). Especialista em Psicologia Organizacional pelo Conselho Federal de Psicologia (CFP); em Administração de Recursos Humanos pela Fundação Getulio Vargas (FGV); em Educação Continuada e à Distância pela Universidade de Brasília (Unb); e em Direito e Gestão dos Serviços Sociais Autônomos pelo Instituto de Direito Público (IDP). Mestre em Psicologia Social e do Trabalho pela Unb. Possui experiência profissional na área clínica, no ensino superior, na formação profissional e na coordenação acadêmica de concursos públicos. Atua há mais de 25 anos na área de gestão pessoas. Autora do capítulo "Em perspectiva: o desenvolvimento de competências do empreendedor corporativo" do livro *Empreendedor total*, publicado pela Literare Books International.

Qual é o sentido de suas desculpas?

Parece óbvio abordar a desculpa a partir de seu significado, importância, função e contribuições para os relacionamentos interpessoais. É tão óbvio quanto complexo, diante do interesse crescente das ciências sociais, cujas abordagens filosóficas, linguísticas, sociológicas e psicológicas elevam a compreensão dos fenômenos sociais vinculados ao tema, mas, também, as perspectivas de análise.

"Desculpe-me pelas desculpas!" provoca a reflexão sobre dois comportamentos: 1) pedir desculpas e 2) dar desculpas, sendo o ato de procrastinar explorado como uma das desculpas disfuncionais do comportamento humano.

I. Pedir desculpas

O pedido de desculpas tem sido discutido no contexto das expectativas sociais de reparação das relações diante de erros, ofensas ou violação de regras sociais, podendo ser abordado como: norma social; ato ritualístico (KERBRAT-ORECCHIONI, 2005); ato de fala (AUSTIN, 1962; HAVERKATE, 1994); princípio de polidez (LEECH, 1983); princípio da cooperação (GRICE, s/d); e exercício da cortesia (REYES, 2000), como também se observa nos atos de: agradecimento, saudação, felicitação, elogio e pêsame.

Na perspectiva de identificar estratégias de como pedir desculpas, há diversos estudos, variando da utilização de emojis (OLIVEIRA; CUNHA; AVELAR, 2018) a um conjunto de passos mais adequados para a sua aceitação. "O pedido de desculpas perfeito – de acordo com a ciência" (D'ANGELO, 2016) descreve o estudo realizado pela Universidade de Ohio, cuja "receita" para ser desculpado é baseada na mistura de um pouco de honestidade, arrependimento, planos para consertar a situação e uma pitada de postura corporal correta. A técnica descrita, de seis passos, afirma que os dois primeiros são capazes de resolver grande parte de conflitos: 1) admitir que errou; 2) ofertar como solucionar (e não apenas falar); 3) expressar o arrependimento com sinceridade; 4) explicar, em sua perspectiva, o que aconteceu de errado; 5) pedir desculpas cara a cara, atentando-se para que a sinceridade seja traduzida pela expressão facial e postura; e, ao final, 6) fazer o pedido de desculpas.

Destaca-se que o caráter científico e instrumental de passos para um pedido de desculpas pode estimular a produção de manuais ou guias que compilam desculpas padronizadas, protocolares, concebidas como estratégias ou técnicas viáveis para a aplicação em diferentes situações cotidianas. No entanto, vale o alerta de Werneck (2012, 2009) sobre o fenômeno da "manualização das desculpas", que, ao converter uma ação social em procedimentos, etapas prescritivas ou roteiros, evidencia-se um espaço de flexibilidade moral ou ruptura de regras morais no uso de "desculpas esfarrapadas", pretextos, afastando a sinceridade de quem as emite. Para Werneck (2012), há dois tipos de análises sobre as desculpas: como mecanismo de autodefesa e como forma de legitimação de elementos culturais.

A literatura científica, com foco no uso de desculpas para a resolução de conflitos interpessoais, pode ser ainda considerada escassa, mas crescem estudos na psicologia com a aplicação de medidas de julgamentos de responsabilidade, plausibilidade e emoção para explorar categorias e efeitos do pedir desculpas em diferentes tipos de relacionamento (FRANCO; IGLESIAS; MELO, 2018). Em um estudo com estudantes universitários foram julgadas mais plausíveis e geraram reações emocionais mais positivas nos outros as desculpas que envolveram argumentos percebidos como legítimos (SARAIVA; IGLESIAS, 2013).

Na Psicologia Social, há estudos sobre o pedido de desculpas como um mecanismo de Gerenciamento de Impressões (GI), em diferentes contextos e tipos de relacionamentos, considerando a tendência de as pessoas administrarem o ambiente para criarem ou projetarem uma imagem que corresponda às expectativas sociais, muitas vezes controlando suas informações e alterando o seu modo de se vestir e de seus gestos (MENDONÇA, 2003). Para elevar o desempenho organizacional e formar uma imagem positiva na interação com clientes, governo, comunidade e outros públicos, bem como fazer a gestão de crises (LESSA; GUIMARÃES, 2008), têm sido adotados pelas empresas processos voltados para fomentar um ambiente propício à aprendizagem e a adoção de um treinamento contínuo em GI, de forma a desenvolver habilidades sociais dos colaboradores para o uso adequado de estratégias e ferramentas, entre as quais se encontra a desculpa como admissão de culpa por um evento negativo.

São observadas, também, as teorias de atribuição de causalidade para compreender a tendência de as pessoas, ao se desculparem, fazerem parecer que a causa de seu erro seja externa, inerente às situações (p. ex., dificuldades de uma tarefa, cansaço, pressa, influência de outras pessoas ou condições externas) e que o resultado não estava sob o seu controle. Ao contrário, observa-se a tendência de atribuir causas disposicionais (p. ex., inteligência, força e personalidade) às outras pessoas, sendo dificilmente reconhecidas as variáveis situacionais. O Erro Fundamental de Atribuição (JONES; HARRIS, 1967) descreve a tendência humana de responsabilizar incorretamente a disposição de um objeto ou pessoa como causa primária de um comportamento, ignorando fatores contextuais e situacionais.

Como se vê, o ato de pedir desculpas pode ser visto como um recurso socialmente positivo, na medida em que evita ou minimiza conflitos e rupturas em relacionamentos, produz conciliação social, cura feridas ou é expresso como um ato de civilidade. Ao mesmo tempo, associa-se ao gerenciamento de impressões, ao erro de atribuição, à justificação social, à flexibilidade moral, a comportamentos ritualísticos, automáticos ou "manualizados".

Diante da coexistência desses sentidos, recomenda-se a cada indivíduo a observância de seu comportamento de pedir desculpas, avaliando o quão disfuncional, associado a distorções cognitivas, se apresenta em suas interações sociais.

II. Dar desculpas – a procrastinação em perspectiva

Assim como o pedir desculpas, dar desculpas faz parte do repertório social, é frequente e transversal nas diferentes esferas da vida. A Psicologia Cognitivo-comportamental tem reconhecido padrões cognitivos que levam ao comportamento disfuncional, dando suporte às práticas nas áreas clínica, educacional e organizacional, como é o caso do modelo cognitivo de Beck (2013), em que o pensamento ocupa um papel central na mediação de emoções e comportamentos. Com isso, a interpretação do indivíduo sobre uma situação determina sua resposta emocional e seu comportamento. Não sendo necessariamente consciente, observa-se nos pensamentos disfuncionais a distorção cognitiva da realidade, conduzindo o indivíduo à vulnerabilidade emocional e à dificuldade de atingir seus objetivos, como é o caso dos pensamentos automáticos.

A procrastinação pode ajudar a compreender as implicações do comportamento de "dar desculpas", para si e para os outros; afinal, tem sido concebida como um "atraso desnecessário e contraproducente de uma tarefa ou tomada de decisão, que tem por consequência desconforto psicológico e emoções negativas" (BRITO; BAKOS, 2013) e, geralmente, está associada a prejuízos na vida pessoal e profissional, não somente do procrastinador. Ao procrastinar, o indivíduo tende a evitar o contato com crenças e situações temidas, sentindo alívio temporário de tensões e reforçando o pensamento disfuncional. Essa estratégia compensatória pode dificultar a alteração do comportamento procrastinatório, mas é viável e recomendável adotar treinos específicos para lidar e alterar distorções cognitivas. Na terapia cognitivo-comportamental (TCC), em que se busca a modificação de comportamentos disfuncionais, como é o caso do procrastinatório (BECK, 2013), há a Psicoeducação, cuja proposta envolve: 1) conhecer e avaliar seus pensamentos; 2) identificar pensamentos disfuncionais; 3) torná-los funcionais, corrigindo as distorções cognitivas para modificar estados emocionais.

Já são conhecidos diferentes fatores comportamentais, afetivos e cognitivos na origem da procrastinação, como: diferenças individuais; tarefas e condições situacionais; e aspectos emocionais; mas é preciso avançar sobre as consequências da procrastinação no contexto organizacional, cujos efeitos nocivos no trabalho estão associados à tomada de decisão, à gestão do tempo, à organização das atividades e às doenças psicossomáticas (ATAYDE E MELO, 2020).

Nos tempos de trabalho a distância, mediado pela tecnologia, foi feito um estudo (ATAYDE E MELO, 2020) sobre os efeitos de dois tipos de procrastinação sobre o estresse e a satisfação no trabalho: 1) *cyberslacking* – usar internet para fins não profissionais durante o horário de trabalho (p. ex., navegar nas redes sociais, impactando a produtividade e em altos custos para as organizações); e 2) *soldiering* – evitar tarefas de trabalho, por mais de uma hora por dia, comprometendo o desempenho (p. ex., grandes pausas para o café ou para falar sobre outros eventos e pessoas). Conclui-se que a procrastinação *soldiering* influencia positivamente o estresse e negativamente a satisfação no trabalho.

Há quem conceba como positiva a procrastinação funcional e deliberada (ATAYDE E MELO, 2020) e de procrastinadores ativos (CHUN CHU; CHOI, 2005), que preferem a pressão do tempo, decidem intencionalmente procrastinar, cumprem prazos e estão satisfeitos com os resultados, mas é importante avaliar os impactos negativos da procrastinação disfuncional e do procrastinador passivo no trabalho também para os que estão ao seu redor (gestores, pares e equipes), quando adiam suas atividades de trabalho, atuam com incapacidade de tomar decisão ou em tempo útil, além de não planejarem e não se organizarem.

Havendo processos para a compreensão e a intervenção sobre pensamentos e emoções disfuncionais associados aos comportamentos de pedir e dar desculpas, o que exterminar senão a desculpa de não poder refletir e intervir sobre eles?

Referências

ATAYDE E MELO, L. F. Os efeitos da procrastinação no stress e na satisfação no trabalho; 2020. Dissertação de mestrado em Ciências Empresariais. Universidade de Lisboa. Disponível em: <https://www.repository.utl.pt/bitstream/10400.5/20102/1/DM-LFAM-2020.pdf>. Acesso em: 20 set. 2021.

AUSTIN, J. L. *How to Do Things with Words*. Oxford: Oxford University Press, 1962.

BECK, J. S. *Terapia cognitivo-comportamental: teoria e prática*. 2. ed. São Paulo: Artmed, 2013.

BRITO, F. S.; BAKOS, G. S. Procrastinação e terapia cognitivo-comportamental: uma revisão integrativa. *Ver. Br. de Ter Cognitiva*; 2013, 9(1): 34-41.

CHUN CHU, A. H.; CHOI, J. N. Rethinking procrastination: Positive effects of "active" procrastination behavior on attitudes and performance. *The Journal of Social Psychology*, 2005; 145(3), 245-264.

D'ANGELO, H. O pedido de desculpas perfeito de acordo com a ciência. *Revista Superinteressante*. Atual. 2018 e Publ. 2016. Disponível em: <https://super.abril.com.br/comportamento/o-pedido-de-desculpas-perfeito- de-acordo-com-a-ciencia>. Acesso em: 20 set. de 2021.

FERRARI, J. R.; JOHNSON, J. L.; McCOWN, W. G. Procrastination and task avoidance: theory, research, and treatment. *Springer Science & Business Media*, 1995.

FRANCO, V. R.; IGLESIAS, F.; MELO I. Pedir desculpas: categorias e efeitos em três tipos de relacionamento interpessoal. *Psico-USF*, Bragança Paulista, v. 23, n. 4, p. 741-750, out./dez; 2018.

GRICE, H. P. (1975). Lógica e conversação. In: COLE, P.; MORGAN, J. L. (Eds.), *Syntax and Semantics*, Vol. 3, Speech Acts (p. 41-58). Nova York: Academic Press.

HAVERKATE, H. (1994). In: MONTEIRO, F. A. *Agradecimentos e Desculpas em Português Brasileiro e em Espanhol: um estudo comparado de polidez a partir de roteiros cinematográficos contemporâneos*. Dissertação de mestrado em Língua Espanhola. Rio de Janeiro: UFRJ, 2008.

JONES; E. E.; HARRIS, V. A. *The attribution of attitudes. Journal of Experimental Social Psychology*, 3(1), 1-24; 1967.

KERBRAT-ORECCHIONI, C. *Os atos de linguagem no discurso: teoria e funcionamento.* Niterói: EDUFF; 2005.

LEECH, G. *Principles of pragmatics.* London: Longman; 1983.

LESSA, A. K. M. C.; GUIMARÃES, F. P. A importância do gerenciamento de impressões na interação social do pessoal de contato na experiência de serviço. *III Encontro de Marketing da Anpad*, 2008.

MENDONÇA, J. R. C. *O estudo do gerenciamento de impressões nas organizações: uma visão geral sobre o tema e considerações sobre a pesquisa e a produção no Brasil.* In: CARVALHO, C. A.; VIEIRA, M. M. F. *Organizações, cultura e desenvolvimento local: a agenda de pesquisa do observatório da realidade organizacional.* Recife: EDUFEPE, 2003.

OLIVEIRA, A. A. M.; CUNHA, G. X.; AVELAR, F. T. Emojis como estratégias de reparo em pedidos de desculpas: um estudo sobre conversas em ambiente digital. *Trab. Ling. Aplic.,* Campinas, n(57.3): 1615-1635, set/dez; 2018.

REYES, G. *El abecé de la pragmática.* Madrid: Arco Libros; 2000.

SARAIVA, R. B.; IGLESIAS, F. Julgamentos de plausibilidade e reações emocionais a desculpas. *Interação Psicol.*, Curitiba, v. 17, n. 2, p. 163-170, jul./set. 2013. Universidade de Brasília, Brasília, Brasil.

WERNECK, A. *A desculpa: as circunstâncias e a moral das relações sociais.* Rio de Janeiro: Civilização Brasileira; 2012. 378 p.

WERNECK, A. *Moralidade de bolso* – a "manualização" do ato de dar uma desculpa como índice da negociação da noção de "bem" nas relações sociais. 2009.

14

CONHECENDO A VERDADEIRA CAMADA DAS NOSSAS DESCULPAS

Para podermos vencer a procrastinação, precisamos entender quais são as mentiras que contamos para nós mesmos, diante das constantes mudanças que se passam em nossa vida, quando criamos justificativas com base em nossas crenças, o que nos leva às desculpas. Neste capítulo, falaremos das principais desculpas que usamos, levando a uma tomada de consciência de como podemos vencê-las.

WILSON SANTOS

Wilson Santos

Contatos
www.wscoaching.com.br
contato@wscoaching.com.br
Instagram: @wscoaching
Facebook: wscoaching

Coach em carreira e negócios, com formação e certificação internacional, *Professional & Self Coach* e Analista Comportamental pelo Instituto Brasileiro de Coaching – IBC, com reconhecimento pela International Association Of Coaching (IAC), International Coaching Council (ICC) e Behavioral Coaching Institute (BCI). Bacharel em Ciências da Computação e especialização em Gestão da Informação–*Business Intelligence* pela Universidade Anhembi Morumbi. Experiência de mais de 25 anos com empresas de tecnologia e educação. Criador do WSCoaching, com foco no desenvolvimento humano em processos de *coaching* em carreiras e negócios, mentorias em métodos e ferramentas para o empreendedorismo digital.

Tenho pensado sobre as mudanças que ocorrem em nossas vidas, mais especificamente nas mudanças internas. Por mais que as mudanças ocorram por fora, isso significa que existiu uma revolução por dentro; diante disso, costumamos nos dar diariamente muitas desculpas para não fazermos aquilo que queremos fazer.

Gosto de classificar as desculpas como uma "camada" que criamos em nossa vida para justificar as nossas intenções e nossas decisões, porém essas camadas acabam sobrepondo a verdadeira camada que acabamos não assumindo. As desculpas que damos estão ligadas diretamente a nossa procrastinação. E o que significa procrastinar? Segundo o dicionário Aurélio (FERREIRA, 2010), procrastinar refere-se a "transferir para outro dia ou deixar para depois, adiar, delongar, postergar". Ou seja, procrastinar é quando adiamos determinada tarefa ou projeto importante para fazer outras coisas menos importantes. Muitas vezes esse tipo de situação acontece quando, em um determinado momento, a tarefa começa a se tornar menos prazerosa ou com um nível de dificuldade maior que nos leva a gerar mais esforço e tempo. Todas as pessoas procrastinam ou já procrastinaram em algum momento de suas vidas. Afinal de contas, é extremamente fácil adiarmos aquela consulta médica, ou o começo de um novo projeto, ou o prazo para concretização das nossas metas.

De acordo com Joseph Ferrari (2010), autor do livro *Still procrastinating: the no-regrets guide to getting it done*, cerca de 20 a 25% dos adultos são procrastinadores crônicos. Esse índice é superior ao que temos para depressão, fobias e outras anormalidades psicológicas. Muitas vezes as pessoas não percebem, mas a procrastinação é um problema extremamente sério.

Como podemos identificar os sinais de procrastinação em nossa vida?

Sempre estaremos nos deparando com situações que nos farão criar algumas desculpas que contamos a nós mesmos a respeito do porquê procrastinamos. Um exemplo prático disso foi quando iniciei esta obra, pois, a todo momento que começava o meu estudo e a escrever sobre o tema da minha obra, sempre me deparava com circunstâncias que acabavam interferindo na ação do meu trabalho. Todo tipo de distração, como o sinal de alerta do WhatsApp, despertando a curiosidade de ler as mensagens, ou quando a minha filha me chama pedindo algo para ela, ou até mesmo algum tipo de ruído externo de algum vizinho tirando minha atenção. Outra situação que também contribuía para a procrastinação era a vontade de assistir aquela série na Netflix que todo mundo comenta, ou então uma situação de preguiça ou indisposição para continuar o trabalho.

Existem dois fatores que podemos classificar como tipos de ofensores que ajudam na criação de nossas desculpas. Podemos chamar de desculpas externas e desculpas internas.

As desculpas externas estão relacionadas a situações e influências externas, podendo ser fatores ambientais e de terceiros (p. ex., um engarrafamento que o impede de comparecer a um compromisso ou então de algum familiar que chegou de visita surpresa em sua casa).

As desculpas internas podem estar classificadas como desculpas internas incontroláveis (p. ex., a ausência em um compromisso em função de um problema de saúde) ou desculpas internas controláveis, que normalmente são causadas pelo indivíduo e poderiam ter sido evitadas por ele (p. ex., a falta de comparecimento em um compromisso por ter se distraído com outras atividades não importantes).

Sempre que precisamos começar algo nos deparamos com diversas outras tarefas que nos fazem adiar aquela que começamos. Muitas dessas ações de postergar ou adiar aquilo que precisamos fazer, está ligado ao tipo de priorização que colocamos nas nossas tarefas. Quais são os níveis de urgência e importância que damos para cada tipo de tarefa ou atividade e como ordenamos essas prioridades. Em todo momento criamos essas barreiras e desculpas para justificar aquilo que deixamos de fazer ou de agir.

A melhor maneira de identificar se somos procrastinadores basicamente está ligada a como lidamos com os nossos compromissos diários ou projetos e atividades que assumimos.

Um exemplo típico é quando nos deparamos com um projeto que realmente é importante e precisa ser executado, no qual precisamos executar algumas ações que vão depender de tempo e esforço. No entanto, surge uma variedade de desculpas que nos leva a não iniciá-lo.

Como exterminar as cinco principais desculpas que damos

Para entendermos melhor como podemos exterminar as desculpas que nos levam a procrastinar ainda mais nossos sonhos, projetos e metas, quero começar destacando as cinco principais e típicas desculpas que damos para procrastinarmos, e como podemos exterminá-las.

A primeira e mais comum desculpa que damos é "Eu não tenho tempo". Sempre que temos alguma atividade ou tarefa a fazer e que ela vai exigir um esforço ou tempo maior, acabamos nos resguardando nessa desculpa da falta de tempo. Com isso, criamos uma crença de que, em determinado dia, teremos mais tempo e disposição para fazer essa tarefa ou atividade. Todos nós temos a mesma quantidade de tempo (24 horas por dia, 168 horas por semana), porém cada um usa esse tempo com suas necessidades e compromissos de acordo com o nível de prioridade que julga ser adequado no momento. De fato, essa desculpa se torna verdadeira quando assumimos uma tarefa ou compromisso que não planejamos corretamente o tempo e o prazo para execução e entrega.

A frase de Albert Einstein "A falta de tempo é desculpa daqueles que perdem tempo por falta de método" nos traz clareza de que a melhor forma de vencer essa desculpa é estabelecer um método que ajudará a criar mais tempo para conseguirmos cumprir nossas tarefas e compromissos, e o melhor método é aprender a gerenciar nosso tempo de vida o melhor possível. Para isso existe a organização. Precisamos aprender a fazer bom uso do tempo que temos, e é importante estabelecer a ordem de prioridade do seu dia. Cada um define as suas prioridades; muitas vezes, tendo como referência os seus princípios e valores pessoais. Normalmente o que priorizamos são as coisas que determinamos importante, já as outras que não são prioridades na verdade são coisas em que não temos interesse algum. Quando se deparar com alguma tarefa que precisa fazer, reconheça a sua verdadeira posição; e em vez de dizer que "não tem tempo" diga que "não tem interesse". O tempo sempre existirá, sendo que as prioridades e interesses que temos com os nossos compromissos assumidos é que ditam como o nosso tempo será aproveitado.

A segunda desculpa, também muito comum, que damos é "Nunca vou conseguir fazer isso". Muitas pessoas costumam usar essa desculpa pelo fato de não terem recursos ou porque não se sentem preparadas. Talvez pelo fato de acharem que nasceram em uma família de poucos recursos financeiros, ou porque não conseguiram fazer uma faculdade ou até mesmo

148 | Exterminador de desculpas

terminar seus estudos. As desculpas vão sendo alimentadas por essas crenças limitantes de que nunca conseguirá o que quer para seu futuro pessoal ou profissional. A verdade é que sempre haverá oportunidade de conseguirmos fazer determinada coisa, independentemente da nossa área de conhecimento.

A melhor forma de eliminar essa desculpa é parar de falar que nunca conseguirá fazer algo antes mesmo de ter tentado fazer. Supere o comodismo e busque soluções, montando um plano de ação que tenha início, meio e fim. E qual seria o primeiro passo que preciso fazer? Mova-se! Às vezes é necessário apenas agir, colocar as coisas em movimento, que o restante você fará. Uma frase que ouvi de um dos meus mentores, JRM: "O caminho só se faz caminhando".

A terceira desculpa que destaco é "Eu não tenho dinheiro". Sempre quando surgir uma oportunidade de fazer uma nova formação, ou mudar de carreira, viajar para outro país, ou qualquer outro tipo de projeto, acabamos adiando ou prologando dizendo que não temos dinheiro para isso. O fator do dinheiro se assemelha ao tempo, pois não se trata de não ter tempo ou dinheiro, e sim de não ter gerenciamento e organização. Podemos também dizer que se trata de como damos prioridade para o que desejamos ou queremos fazer. Por mais que saibamos que seria importante investir em algum projeto que precisamos fazer, acabamos dando sempre a desculpa da falta de dinheiro.

A melhor forma de entender se de fato temos ou não condições financeiras para investir em algo é saber o quanto é importante e como me esforçarei para conseguir realizar. Desejo que nunca ocorra isso, mas imagine se o seu filho tivesse uma grave doença e que a vida dele dependesse de pagar uma cirurgia de R$ 10.000,00, sendo que você não tem disponível esse dinheiro. Com certeza você faria de tudo para conseguir o valor necessário para a cirurgia, pois sabe o quão importante é para a vida do seu filho. Sei que esse exemplo vai além de um simples desejo, mas todos nós temos esse senso de sobrevivência; e independentemente do grau de importância, sempre precisaremos de uma motivação para buscar o que necessitamos. Precisamos gerenciar bem o que ganhamos, tendo uma boa gestão financeira, evitando gastos supérfluos, estabelecendo metas, aplicando apenas no que de fato será importante para a vida.

A quarta desculpa, e muito falada e típica, é "Eu tenho medo". Essa desculpa normalmente acabamos dando para nós mesmos. É normal e importante sentirmos medo, pois faz parte do nosso processo evolutivo. Porém, ele não pode ser um limitador a ponto de paralisar nossas ações impedindo-nos de alcançar todo o nosso potencial. Muitas vezes estamos trocando algo melhor pela situação em que nos acomodamos agora, a nossa "zona de conforto".

Para poder exterminar essa desculpa, mantenha-se com pensamentos e ações positivas e, embora a vida possa te derrubar muitas vezes, você é totalmente capaz de superar as adversidades, aprendendo com elas, levantando-se e seguindo em frente. Lembre-se de nunca se esquecer de que a vida é o que você faz dela. Use o medo como parâmetro para decisões bem pensadas, mas de nada adianta decidir sem agir.

A quinta e última desculpa é "Eu não tenho sorte". Muitas pessoas imaginam que sorte só é para alguns e que nunca chegará em nós. Essa desculpa leva à crença de que a sorte está ligada apenas a uma situação ou destino que contribuirá para a conquista de algo ou necessidade, e que sem ela dificilmente o indivíduo conseguirá ter sucesso. Alguns autores definem que a sorte é um substantivo que pode significar destino, fado ou um acontecimento casual, que pode ser bom ou mau.

A melhor forma de eliminar essa desculpa é definir que a sorte acontece quando a preparação encontra a oportunidade. Dessa maneira, não podemos pensar que a sorte cairá em nosso colo se ficarmos parados. Será necessário criar condições para que ela chegue até nós. Seja uma pessoa proativa, busque oportunidades e faça acontecer.

Assumindo nossa verdadeira camada e cocriando novos hábitos

Tenho certeza de que a maior parte de nós já utilizou, ou ainda vai utilizar, uma ou várias dessas desculpas para justificar o hábito de procrastinar. Entretanto, podemos entender que é possível exterminá-las, começando a eliminar as camadas superficiais que criamos em nossas vidas. Quando assumimos a nossa verdadeira camada, passamos a descobrir o motivo exato pelo qual estamos dando essas desculpas, assumindo a responsabilidade por nossas ações e criando hábitos melhores no córtex pré-frontal do nosso cérebro, que se dedica exclusivamente a desenvolver nossos hábitos. Reflita a respeito do que você fala para si mesmo a respeito dos seus hábitos e esteja motivado a dizer "basta" à procrastinação; e finalmente comece a tomar uma atitude. Permita-se substituir os velhos hábitos, cocriando novas habilidades e ações que farão novos movimentos para construir um futuro melhor para sua vida.

Referências

FERRARI, J. R. *Still procrastinating: the no-regrets guide to getting it done*, 2010. Wiley.

FERREIRA, A. B. de H. *Dicionário da língua portuguesa.* 5. ed. Curitiba: Positivo, 2010.

SCOTT, S. J. *23 Hábitos anti-procrastinação: como deixar de ser preguiçoso e ter resultados em sua vida*. Habit Books, 2014.